岩彩画技法教学

颜景亮 著

广西美术出版社

导　言

广州美术学院壁画专业以弘扬中国传统民族壁画为建设宗旨和发展，立足于传统重彩壁画，在研究中国传统重彩壁画的审美意识及基本技巧的基础上，广泛吸收世界壁画和环境艺术之优长，并且与时俱进地吸取新知识、新材料、新技法、新观念构建具有现代内涵的民族壁画艺术教学体系。

岩彩画教学，是中国美术教育中长期以来一直欠缺的，需要通过努力去填补的一项空白。在中国美术的历史上，这一艺术样式曾经有过极其辉煌灿烂的过去。新疆壁画、敦煌壁画以及大量的古代庙堂壁画等艺术经典至今仍然令人叹为观止。然而，如何继承和保护这份宝贵的文化遗产并使之得到拓展、发扬光大，培养这方面的专门人才，成为高等院校现实美术教育中刻不容缓的工作。由于数百年的文化断层这一历史原因，许多人对岩彩画的知识近乎零。因此，一切传授只能从最基础开始，无论是工具材料、制作工艺和艺术表现都需要有一个由浅入深、循序渐进的过程。

从2000年开始，在留日归来的陈文光教授主持下，广州美术学院的岩彩画本科教学进入一个崭新的时期。陈教授主张以世界的眼光看待继承与拓展传统艺术的问题。绘画材料的选择和掌握以及表现手段的研究与创新，是现当代艺术的特征。对绘画材料的了解和学习，需通过反复的训练和制作实践，才能达到完全对绘画材料的敏感度的认识。并在对材料表现的深度把握后，方可通过绘画材料的变革引发思维形式的变革，再实现表现方式的变革，把材料的"物质属性"变为"文化属性"，以器为载体，让道更彰显！

本人有幸成为陈文光教授的第一位弟子，从2002年开始从事岩彩画的研究与教学不知不觉已有15年。从最初岩彩画作为单一的材料技法课程，到如今建立一套完整的系统教学体系，集临摹、写生、创作等主体课程以及线造型、形态与色彩构成、古代壁画考察等辅助课程于一体。这一过程包含着导师的智慧与心血，同门师兄弟姐妹的付出以及在教学互动中学生们的启发，并在不断积累调整下才形成今日之规模，实属不易！

如今，陈文光教授已退休，各位同门师兄弟姐妹均活跃于岩彩画教学与研究的第一线。故借此书向恩师致敬，与各位同门共勉，并为各位同学提供帮助及鼓励！

颜景亮

2017年2月于广州

前　言

中国的色彩绘画曾经有过辉煌的时代，遗留下大量彩绘壁画、重彩人物画、青绿山水画等优秀作品。只是自宋元文人水墨画兴起后，中国的色彩绘画逐渐淡出主流画坛。与我们隔洋毗邻的日本，自中国唐朝时期，通过遣唐使把中国的色彩绘画样式带到日本后，这一绘画样式不但没有消亡，反而从画材工具到表现技法都经过了传承、改良和发展，并逐步融合了日本民族的审美追求，形成其独特的绘画体系。

20世纪末，中国画坛曾发出重振中国色彩绘画的呼吁，但长期的文化断层，是发展中一道难以填平的鸿沟。此时，随着一批留日的中国画家陆续回国，并大部分任教于全国各大美术院校，由此刮起了一阵学习研究日本画材料与技法的热潮。日本画材料与技法上的革新极大地刺激了复苏中的中国色彩绘画。

但随之而来关于"中国画""日本画""工笔重彩画""重彩画"等的命题讨论纷纷而起。此时，一个新名词"岩彩画"，在中国美术界被提出来。"'岩彩'——指岩石之色彩。'岩彩画'——指以五彩的岩石研磨成粉状，调和胶质为主的媒介，绘制在纸、布、板、金属及墙面上的作品。"——中央美术学院胡明哲教授对"岩彩画"做了比较客观的解析。

"岩彩画"经过20年的发展，也证实了"岩彩画"受媒材表现观念差异的影响，与传统工笔重彩画是既有联系又有区别；与古代壁画更有着特别的联系，但这并非只是古典技法的传承，更多的是对现状材质构造的重新发现、理解和拓展。此外，以材质媒介作为艺术样式的命名符合世界上命名其他画种的惯例，所以，"岩彩画"作为一种材质绘画，本身不携带任何精神文化基因，把它放在中国的语境之下，就是中国的绘画；放在日本语境之下，就是日本的绘画。

传承与发展，是老生常谈的提法了。但艺术要拓展，光停留在古老技法层面是无效的。所谓"推陈出新"，关键在于"出新"，这需要有新的角度与新的观念。例如，我们把古典作为研究对象，那么这个古典就不仅仅是古法的形制，而更多的作为精神追求的载体，因此要用今天的研究角度来对待，让其走入今天的生活，使其发生质的改变，不要沦为过时的经典。

一、岩彩画与古代壁画现状的关系

岩彩画最基本的绘画材料是矿物颜料及最基本的使用方法是以胶质作为黏合剂，这些与中国传统色彩绘画是一致的。绘画过程需要一定的制作程序，这也与传统"积色体"绘画相近。这是否能证明岩彩画就是传统"积色体"色彩绘画的传承与延续呢？

传统"积色体"绘画最典型的代表是工整细密和敷设重色的传统"工笔重彩画"。是以精工繁琐的线描搭建框架，再通过层层积染、三矾九染的发色程序绘制画面的中国传统绘画样式。但值得注意的是，在经历了长期经验总结，这一样式已形成固定套路，侧重书写描绘性，即使存在制作性，关注点也仅仅停留在色彩上。

相比之下，"岩彩画"更注重材质，可称作"带颜色的材料"，因循材质肌理对比与表现。因此，对材料选择粗细结合，表现手法也丰富多样不拘一格，彰显材质迹象表现以及材质碰撞力度，是具备独特审美效果的绘画样式。这些都远远超出传统工笔画的绘制套路框架，某些传统的套路甚至成为岩彩画制作的障碍。虽然，岩彩画与工笔重彩画用的是相近的材料，但因对材料使用观念上的差异，最终产生了表现方式的偏离错位。

例如，关于"线"的运用。

工笔重彩画以"线"造型，色彩晕染是其主要表现形式。开始"线"是作为色块造型的界定。让色与色在视觉上产生分离。后来"线"作为形象单位，具有均匀稳定运行的延续效果，带有装饰性并力图自身完整。并且能抽离于画面，独自成立。中国传统绘画对"线"的痴迷是与中国文字的书写方式密不可分的。东晋时期顾恺之提出"以形写神"以及南齐时期谢赫提出"骨法用笔"，可见中国传统绘画在形体造型上重"写"重"意"，而非"似"。当线条进入极致成熟及风格化阶段，所谓"密体""疏体""十八描"等程式相继出现，致使线条成为中国绘画表现形式的主体。当宋代李公麟将线描独立出来，成为白描，所谓"不施丹青而光彩照人"。此种绘画形式，除线条以外，其他的表现手段都显多余了，色彩的添敷更显得画蛇添足。

"线"对于岩彩画而言只是画面构成的因素之一，并非主体内容的全部。线条有各种节奏变化，并非单一的形象单位，其完整性需与画面其他因素相互配合。岩彩画对线条的运用得益于古代西域画风及晋唐中外融合时期的画风以及古代壁画现状因破损而成的线、面交融的构成关系。早期西域风格的壁画线条是不以"书法"为法度，不以"墨"为至尊的。它所表达的主要是"轮廓"而不是线条本身。晋唐融合时期，线条形制也不单一，"轮廓"线条、"造型结构"线条、"意象"线条，甚至作为画面构成穿插的线条并置，这些线条活泼、生动、率真、自由，而同时构造出和谐的画面。古代壁画现状破损的线条，弱化了局部线条形象，线条相对后退，肌理相对前移，反而使观众目光定位在和谐的画面整体构成关系之上。

由此可见，与其说岩彩画是传统"积色体"色彩绘画的传承与延续，还不如说是在得益于历史上胡汉交汇时期的中国画风及古代壁画现状启发的基础上的再发展。

二、岩彩画教学

由于数百年对中国绘画颜色材料及使用技法的研究与推进的缺失已造成文化断层，加上"岩彩画"这一概念的提出不过20多年，令许多人对岩彩画的认知近乎零。因此，使得岩彩画教学的一切传授只能从最基础开始，无论是工具材料、制作工艺和艺术表现都需要有一个由浅入深、循序渐进的过程。绘画材料的选择和掌握以及表现手段的研究与创新，是这个时代的特征。对绘画材料的了解和学习，需通过反复的训练和制作实践，才能达到对绘画材料的敏感度的认识。并在对材料表现深度的把握后，方可通过绘画材料的变革引发思维形式的变革，再实现表现方式的变革，把材料的"物质属性"变为"文化属性"，以器为载体，让道更彰显。

笔者长期从事岩彩画教学，发现在教学过程中存在一些误区，需及时提出并予以调整。否则，有碍岩彩画发展。这些问题包括：

1. 材料被神化，而忽略了艺术的基本问题。由于对岩彩画缺乏足够认识，但同时对岩彩材料又充满好奇，加上岩彩画的材料价格相对较高，不少初学者会把岩彩材料奉若至宝，以为用了好材料就能出好作品。但这种思维模式只为材料而用材料，缺乏艺术创作的考虑，是难以产生好作品的，再好的材料也只能被视作浪费。

2. 不考虑材料特性，对材质的优势与局限性研究不足。岩彩材料有粗细、软硬、厚薄的不同。正如水墨画要考虑宣纸、毛笔、水与墨的物理特性，版画也要考虑各种版性，油画也有相应的表现技法一样，岩彩画也需要一定技法原理才能达到相应的画面效果。虽然，画种之间相互借鉴是必要的，但如果只生硬地转换了绘画材料，缺少有效技法的支持，是很难达到理想效果的。不但未必能显现岩彩画的表现优势，反而暴露了材料表现的局限。

3. 色彩及材料技法使用过当，作品缺乏意韵。岩彩画技法众多，一些初学者在掌握一定技法后，就很想把所有技法全部用在一张作品之上，结果，作品色彩色调、材质肌理凌乱不堪，形象被弄得支离破碎。

4. 过度精勾细刻，失之大体；或者一味追求平整，僵硬呆板。岩彩画属于制作性较强的绘画，往往需要较长的制作周期，再加上岩彩材料先天的装饰优势，容易令初学者陷入过度局部刻画的漩涡，缺乏大局观。开始时的构思随时间的推移，逐渐模糊，最后在没有整体考虑的情况下，一味追求工整，作品缺乏生动的韵味，显得僵滞呆板。

因此，本书以广州美术学院十多年来岩彩画教学的优秀成果为基石，对岩彩画材料与技法的历史、现状和发展进行比较研究，并结合作者十多年的岩彩画创作与实践经验，对岩彩画教学脉络进行系统梳理，对教学过程中的重要成果与理论进行总结与归纳，建立一套完善的可操作的岩彩画教学体系。全书分"材料篇"与"教学篇"，系统阐述了岩彩画的历史渊源和发展现状，并通过具体作品范例及示范步骤，从岩彩画材料特性及使用方法、古代壁画临摹、岩彩画写生、形态与色彩构成和创作案例等几部分详尽分析，归纳出一套行之有效的教学方案。希望能为中国高等美术教育岩彩画专业教学以及广大岩彩画的爱好者提供行之有效的指导。

颜景亮

2017年2月于广州

目　录

第1章

材料篇

第一节
颜料

岩彩颜料的种类

天然矿物颜料：由天然的矿石原石粉碎（研磨）而成。代表的矿物有石青（蓝硐矿）、石绿（孔雀石）、辰砂（硫化水银）、水晶、雄黄（黄金石）、黑曜石等。

高温结晶颜料（新岩）：采用陶器的上色颜料——釉的制作工艺。对矿石成分的熔块添加金属酸化物，然后和釉药一起放在800℃~1300℃的窑里高温熔化，冷却后凝结成人工石头，再混合酸化钴、铬、镍、二酸化锰等色素。由人工石头制成的各种

颜料就完成了。因为颜料颗粒品质好，容易使用，着色牢固，不用担心变色等问题。在日本称作"新岩"，在中国通常用景泰蓝的釉料"珐琅彩"取代。

准天然颜料：在天然物的母体（基础）上用天然的色素加工处理而成，或者用天然和经科学处理的元素共同组成的，是用各种天然材料混合人工材料的方式制成的颜料。是日本加工的一种岩彩颜料。

水干（合成）颜料：对方解石用比较耐光的染料系颜料烧制而成。优点是拥有其他岩彩颜料所没有的鲜艳色调。

（一）天然矿物颜料

天然矿物颜料是把天然矿物粉碎后加工磨制而成的颜料。因其原料为天然矿物结晶体，属于宝石或亚宝石类，颜料色相美丽，色质稳定，这已在经历了近两千年的古代壁画中得到验证。与其他颜料相比，天然矿物颜料的发色及气息是最好的。

1.颜料原材介绍
青色系

石青，原石名蓝铜矿，通常为孔雀石共生矿，化学成分与孔雀石相似，属青色盐基性碳酸铜，作为中国古代"五正色"之一备受重视。古代为区别不同产地及原石的级别，有金（精）青、绀青、空青、兽青、白青等称谓。其中最浓重的称为"绀青"，品质最好的称为"金（精）青"，研磨最细的称为"白青"等。以传统研磨过滤等颜料制作手法，又有"头青""二青""三青""四青"之分。石青色感庄严、静谧、高贵、华丽。

佛青，原石名青金石，如果含较多的方解石时呈条纹状白色，含黄铁矿时就在蓝底上显现色星点，带有闪光，青金石的名字的"金"由此得名。我国产地稀少，主要产于阿富汗，是非常珍贵的矿物。青金石自古受中外帝王钟爱，多被用来制作皇室各类饰品。新疆克孜尔石窟，敦煌莫高窟、西千佛洞、瓜州榆林窟、东千佛洞，永靖炳灵寺，天水麦积山石窟等古代石窟壁画及彩塑，特别在早期作品中大量使用了青金石。其色感尊贵、庄严、神圣。

绿松石末，原石名绿松石，是铜和铝的磷酸盐矿物集合体，以不透明的蔚蓝色最具特色。也有淡蓝、蓝绿、绿、浅绿、黄绿、灰绿、苍白色等色。绿松石是古老宝石之一。西藏对绿松石格外崇敬，蒙古族、藏族地区喜欢把绿松石镶嵌在配刀、帽子、衣服上，至今仍是神圣的装饰用品，用于宗教仪式。不少文明古国，如埃及、波斯、阿兹台克（墨西哥印第安人古国）等都崇尚绿松石。其色感清新、高雅、轻柔。

灰蓝，原石名蓝铁矿，是一种含水的铁磷酸盐类矿物。新采集者无色，后经氧化而变成蓝色、靛蓝或蓝黑色。色感沉稳、朴素。

银灰，原石名蓝闪石，是钠、镁和铝的硅酸盐矿物，生成于高压低温的变质岩内，晶体呈柱状、针状或纤维状。色感中性、优雅。

紫云末，原石名方钠石，是似长石类矿物中的一类，它是含氯化物的钠铝硅酸盐。不同种类的方钠石颜色有所不同，颜色有灰、褐、蓝等。是一种常见的宝石。制成矿物颜料后蓝色中略带紫味。色感轻柔、纯洁、细腻、浪漫。

绿色系

石绿，原石名孔雀石，由于颜色酷似孔雀羽毛上斑点的绿色而获得如此美丽的名字。孔雀石产于铜的硫化物矿床氧化带，常与其他含铜矿物共生(蓝铜矿、辉铜矿、赤铜矿、自然铜等)。世界著名产地有赞比亚、澳大利亚、纳米比亚、俄罗斯、刚果（金）、美国等。中国主要产于广东阳春、湖北黄石和赣西北。石绿颜料下笔舒适，是古代最常用的矿物颜料之一。色感充实、安宁、恒久、清新、愉悦。

绿青，原石名硅孔雀石，又称台湾蓝玉，是一种次生的含铜矿物，主要产在含铜矿床的氧化带中，常与孔雀石、蓝铜矿、赤铜矿、自然铜共生。此外，也常和玉髓相伴一起出现，为部分蓝色或绿色玉髓的重要内含物。中国台湾地区东部所产之蓝玉髓（俗称台湾蓝宝），有些学者认为是因内含硅孔雀石的缘故。色感清新、明快、活力。

芽绿，原石名绿色泥灰岩，属于沉积岩，主要成分为方解石、伊利石以及石英、海绿石、长石、磷灰石族、铁矿物、有机质等。常呈灰、黄、绿等色。分布广泛，并常含原地生成的化石和微体化石的残体，介于黏土与石灰岩之间。色感温和、恬静、蕴含生机。

岩灰绿，原石名鲕状绿泥石，属于硅酸盐矿物。绿泥石多是辉石、角闪石、黑云母等蚀变的产物，鲕状绿泥石是由海床沉积而成。色感温润，质朴。

橄榄灰，原石名硅镁镍矿，含硅酸盐成分，绿色、浅绿色或白色，单斜晶系，成致密集合体和钟乳状体。色感朴素，低调。

橄榄绿，原石名橄榄绿铜矿（氯铜矿），属于卤化物矿物。在铜矿床的氧化带中呈次生矿物产出，尤其是在干燥气候条件下，通常与孔雀石、蓝铜矿和石英伴生。色感饱和，但没有石绿明艳，略偏黄。色感温和、着实、青春。

椿，原石名绿帘石，属于硅酸盐类矿物，它们通常为深浅不同的绿色，也有无色或黄绿色。色感阴郁、低调、沉着。

碧玉石末，原石名碧玉，是石英的隐晶质异种，含酸化铁等成分，有赤色、绿色、褐色、黄色等。做成矿物色粉，由粗到细，色调由浅绿到白绿。色感明快、轻盈、亮丽。

利久，原石名阳起石，属于硅酸盐类矿物，是闪石系列中的一员，这类矿物常被称为闪石石棉。阳起石的晶体为长柱状、针状或毛发样。颜色由带浅绿色的灰色至暗绿色。色感幽静、沉着、古朴。

孔雀绿，原石名天河石，又称"亚马孙石"，产在火山岩中，属于长石矿物中的一种，含钾铝硅酸盐，是微斜长石的蓝绿色变种，蓝色和蓝绿色，半透明至微透明，与翡翠相似。色感轻盈、纯净、稚嫩。

黄绿，原石名镍华，是一种含水的镍砷酸盐矿物。形状有柱状、板状，晶体的集合体常为皮壳状、土状或粉末状。白、灰、淡绿、黄绿色，透明到半透明都有，具有玻璃光泽。色感明快、活泼。

浅绿，原石名水胆矾，属硫酸盐类矿物，性质较脆，颜色为翠绿色、黑绿色甚至为全黑，灰绿色条痕，具有玻璃光泽。做成矿物颜色，为半透明灰绿色。色感质朴、淡雅。

红色系

朱砂，又称辰砂、丹砂、赤丹、汞沙，原石名硫化汞。朱砂的粉末呈红色，可以经久不褪。作为中国传统"五正色"之一拥有非常悠久的历史。如：新石器时期的"涂朱甲骨"指的就是把朱砂色粉涂嵌在甲骨文的刻痕中以示醒目。后世的皇帝们沿用此法，用朱砂批改公文，就有了"朱批"一词。在古代壁画，特别在中原地区的壁画中，朱砂也被大量使用。此外，传统中医也将朱砂用作安神定惊的良药。但朱砂为汞的化合物，汞与蛋白质中的巯基有特别的亲和力，高浓度时，可抑制多种酶的活动。进入体内的汞，主要会引起肝肾损害，并可透过血脑屏障，直接损害中枢神经系统。朱砂矿物颜料的制作，传统一般采用过水的方法提纯，过水时，有漂在水面的叫"朱磦"，沉入水底的是"朱"。色感富丽、喜庆、热烈、醇厚。

红珊瑚末，原石名红珊瑚，珊瑚的化学成分类似石灰岩，属碳酸钙。是由珊瑚虫分泌的石灰质骨骼堆积而成，形状像树枝。经粉碎、研磨、提纯后做成颜料。色感高贵、温柔、纯洁。

玛瑙末，原石名玛瑙，二氧化硅矿物，是玉髓类矿物的一种，经常是混有蛋白石和隐晶质石英的纹带状块体，通常有绿、红、黄、褐、白等多种颜色。由于玛瑙硬度较大，很难研磨，所以用作颜料是近代才开发的。色感优雅、温馨、平和。

石榴红，原石名红石榴石，化学上等同镁铝硅酸盐。原石颜色较深，做成颜料后，颜色稍浅。色感妩媚、含蓄、优美。

赤茶（赭石），原石名赤铁矿，是铁的氧化物，呈灰色、金属光泽的鳞片状赤铁矿集合体称为云母赤铁矿，中国古称"云子铁"。呈红褐色土状而光泽暗淡的称为赭石，中国古称"代赭"，而以"赭石"泛指赤铁矿。赤茶除了作为传统绘画颜料，还用以粉刷寺庙及宫殿外墙。色感庄严、醇厚、典雅。

香妃，原石名黝帘石，属于硅酸盐矿物。常见带褐色调的绿蓝色，还有灰、褐、黄、绿色等。色感柔和、温润、恬静。

黄口岩肌，原石名钾长石，铝硅酸盐矿物。通常呈肉、红、黄、白等色。因颜色接近肤色，故得名岩肌。但并非古代用作描绘人物的颜色，属现代开发的矿物颜料。色感温柔、含蓄。

赤口岩肌，原石名片沸石，是沸石的一种，产在花岗岩、伟晶岩和玄武岩的空洞里。片沸石可无色透明，可呈白到红、灰、棕等色调。做成颜料后，色相如红润的肌肤，且为区分黄口岩肌，所以得名赤口岩肌。色感香软、中性。

橘红，原石名铬铅矿。铬可以用来镀在金属表面用以防锈，是防锈漆的主要原料。因为它具有鲜红的颜色，所以在现代被开发为矿物颜料。色感张扬、膨胀、亮丽。

朱土，原石名红色泥灰岩，分布广泛，并常含原地生成的化石和微体化石的残体，介于黏土与石灰岩之间。是常用的一种土红颜料，色感温和、阳气、沉着。

红土，原石名红色白垩，是一种微细碳酸钙的沉积物，是方解石的变种。主要分布在白垩纪的地层。在传统红色矿物颜料中的使用量仅次于朱砂。色感热烈、古朴、沉稳、贵气。

赤口赭岱，原石名钠闪石，是一种钠铁硅酸盐矿物。原石呈深蓝、深赭、黑色等，做成矿物颜料呈深赭石颜色。色感平滑、素雅。

黄色系

雄黄，原石名雄黄，学名四硫化四砷，又称作石黄、黄金石、鸡冠石，是砷的硫化物矿物。通常为橘黄色粒状固体或橙黄色粉末，质软，性脆。常与雌黄，即三硫化二砷，辉锑矿，辰砂共生，加热到一定温度后在空气中可以被氧化为剧毒成分三氧化二砷，即砒霜。因此使用时注意有毒，勿食用。做成矿物颜料后呈鲜艳的橘黄色，有较强覆盖力。色感艳丽、锐气、豪华、旺盛。

雌黄，原石名雌黄，是与雄黄一同的共生矿，但化学成分的排列不一样，雌黄是三硫化二砷，晶体呈短柱状或者板状。做成矿物颜料后呈柠檬黄色，覆盖力不如雄黄。色感鲜艳、透明。

茶色，原石名黄锑矿，是锑矿的氧化物。颜色有橙色、棕色、灰黑色。色感沉着、稳重。

倩茶，原石名纤铁矿，是氢氧化物矿物，它是褐铁矿的组成矿物之一，为鳞片状、纤维状或块状，暖褐色，条痕橘红色。做成矿物颜料后色相比棕色重，呈深褐色。色感老成、内敛、厚实。

棕色，原石名独居石，属于磷酸盐矿物。单斜晶系，晶体为板状或柱状。颜色通常为棕红色、黄色，有时褐黄色。 制成矿物颜料后，一般呈浅棕色。色感朴素、保守、古拙。

岩焦茶，原石名水锰矿，属于碱性的锰氧化物矿物，一般为一束束平行排列的晶束状或纤维状块体，也有呈粒状或钟乳状的，原石呈暗灰色到黑色。制成矿物颜料后呈温棕色或褐黑色。色感浓郁、成熟。

金黄，原石名叶绿矾，产于铅锌矿氧化带中。原石为黄绿色细小板状晶体。制成矿物颜料后呈鲜黄色。色感阳气、悦动。

岩金茶，原石名褐铁矿，属于氧化铁矿物。天然矿石呈多种色调的褐色，一般为钟乳状、葡萄状、致密的或疏松的块状甚至土状。制成颜料后呈黄赭色，色泽饱和，有较强覆盖力。色感鲜艳、明亮、温暖、鲜明。

岩黄，原石名黄土，主要以硅酸、氧化铅成分为主，也有钙、镁、钾、钠等成分。是非常古老的土质矿物颜料。除了作为黄色使用，古代还有烧制成砖红色使用。色感安稳、朴实、温和、沉稳。

紫色系

天然矿物颜料没有化学合成颜料那种艳丽的紫色，一般只是略带紫味的颜料，而且品种极少。

岩古代紫，原石名钴华，是一种砷酸盐矿物，它的晶体极为少见，一般多为土状出现。晶体为针状或板状，桃红色，透明到半透明，玻璃光泽。当将钴加热时，会变色成蓝色。制成颜料后呈带紫味的咖啡色。色感深沉、古雅。

栗茶，原石名磷钇矿，是稀土矿的主要矿物之一，是一种磷酸盐矿物。四方晶系，晶体呈四方柱状或双锥状，集合体呈散染粒状或致密块状，黄褐、红、灰色等。制成颜料后呈豆沙色。色感香甜、成熟。

紫茄，原石名紫苏辉石，属于硅酸盐矿物，是岩浆结晶作用的一种斜方辉石。原石呈绿黑色或褐黑色。制成颜料后是暗紫色，有较强覆盖力。色感暗沉、森严、神秘。

驼红（美紫云），原石名钙铁辉石，单斜晶系。常成放射状或棒状集合体，红棕色、暗绿至绿黑色，玻璃光泽。制成矿物颜料后呈暖驼色，犹如落霞，故名美紫云。色感温情、积极、典雅、华美。

黑色系
电气石末，原石名铁电气石（黑碧玺），是一种硼硅酸盐结晶体，并且可含有铝、铁、镁、钠、锂、钾等元素。外表黝黑、深沉。制成颜料呈纯净的黑色，色泽漆黑饱和又散发着微光。色感硬朗、深邃、坚定。

黑曜石末，原石名黑曜石，是一种常见的黑色宝石、火山晶体，别称"龙晶""十胜石"，是一种自然形成的二氧化硅，通常呈黲黑色。从古至今，黑曜石在汉族民间一直被当作辟邪物、护身符使用。制成颜料后呈深灰色。色感含蓄、高贵、庄严。

紫黑，原石名斑铜矿，是一种铜铁的硫化物矿物，并常有少量银的混入。新鲜断口呈铜红至古铜色，旧表面则因氧化而呈蓝紫斑状的锈色。制成颜料后呈青黑色或紫黑色。色感玄妙、神秘、变幻。

棕黑色，原石名黑钨矿，也称锰铁矿。原石为褐色至黑色，具有金属或半金属光泽。一般与锡矿石同生于花岗岩和石英矿中。制成颜料后呈深棕色和棕黑色，覆盖力强且好着色。色感深邃、亘古。

岩黑，原石名钛铁矿，是铁和钛的氧化物矿物，又称钛磁铁矿，颜色从深灰到黑色，具有一点金属光泽。晶体一般为板状，晶体集合在一起为块状或粒状。制成颜料后呈钢灰和黑色。岩黑是中国古代壁画中经常使用的颜色。色感纯粹、尊严、公正。

石墨，原石名石墨，是一种结晶形碳，是铅笔芯的原料。因为被误认为是铅，所以也被称为炭精或黑铅。制成颜料后呈银灰色和黑色，覆盖力较强。色感乌黑、退让、安稳。

锰黑，原石名软锰矿，成分为二氧化锰，是一种常见的锰矿物。原石颜色为灰色到黑色，具有金属光泽。如果用手去摸，容易把手弄黑。软锰矿一般为块状、肾状或土状，有时具有放射纤维状形态，甚至有些还呈现出一种树枝状附在岩石面上，人称假化石。制成颜料后色感浑厚、敦实。

白色系

盛上，原石名硅灰石，属于一种链状偏硅酸盐矿物，细板状晶体，集合体呈放射状或纤维状。颜色呈白色，有时带浅灰、浅红色调。主要产于酸性岩与石灰岩的接触带，与符山石、石榴石共生。制成颜料后色感轻盈、素雅。

水晶末，原石名石英，一般指低温石英（α-石英），是石英族矿物中分布最广的一个矿物。纯净的石英无色透明，但因含有微量杂质成分，可呈现各种颜色，变为半透明或不透明的晶体，质地坚硬。中国古代壁画，如麦积山和敦煌壁画中的白色也含有石英成分。制成颜料后色感纯洁、干净、透亮。

方解石末，原石名方解石，是天然碳酸钙中最常见的一种矿物，形状多种多样，分布很广。李时珍在《本草纲目》中认为方解石"其似硬石膏成块，击之块块方解，墙壁光明者，名方解石也"。一般多为白色或无色。制成颜料后多作为打底材料。色感干净、透明。

其他

明矾，原石名明矾石，属三方晶系的硫酸盐矿物，分布广泛。在绘画中，明矾主要用以与胶调和成胶矾水，把生纸制成熟纸，防止上色时水分晕化，以便上色罩染，用以保护颜色和防止掉色的作用。所以，古代有三矾九染之说。在岩彩画制作中，也经常用胶矾水涂在银箔上，用以隔离空气，保护箔氧化。

云母色，原石名云母，属于铝硅酸盐矿物，具有连续层状硅氧四面体构造。分为三个亚类：白云母、黑云母和锂云母。用作绘画用色的是白云母。由于云母的屈折率小，且粒子表面平滑，因此制成颜料后有较强的反光效果，加上本身具有半透明特点，所以古代常和其他颜色混合使用，以增强颜色的闪亮度。

2.如何制作矿物颜料

（1）什么样的矿石能做矿物色？

矿物在白色无釉瓷板上摩擦时所留下的粉末痕迹叫作条痕。鉴定什么样的矿物能做矿物色，条痕是重要的决定因素。测试时可将矿物放在无釉瓷板上，轻轻摩擦后，看其留下的粉末痕迹颜色，进行辨识。条痕消除了假色干扰也减轻了他色的影响，突出表现出矿物的自色，它是比较固定的。在鉴定过程中常作为可靠依据。

鉴定条痕

（2）手工研漂矿物颜料方法

传统颜料制作方法

于非闇先生关于古代画家研漂颜色的方法有以下阐述：（古代画家研漂颜色的方法）大致谈起来，不外"淘、澄、飞、跌"四步手续。"淘"是说把可以洗涤的原料，先像淘米那样的淘洗一下，然后再研。"澄"是淘洗研细之后，兑入胶水，经过相当时间的澄清，清轻的部分上浮，重浊的部分下沉，然后"飞"出——就是把上浮的部分撇到另一碗碟中。留下来下沉的部分，再研，再"跌"汤，使清轻上浮的颜色，不致被压沉在底下。经过这四步手续，朱砂可以漂出朱标（磦）（三朱）、正朱（二朱）、粗砂（头朱）。石绿可以漂出绿花、枝条绿、三绿（浅绿）、二绿（正绿）、头绿（粗绿）。这样处理需要相当时间。至于研漂所用的工具为：罗、担笔、乳钵、大碗、大小碟子、风炉、沙（砂）锅、磁（瓷）缸、水桶、生姜、炭、酱和广胶（碗和碟是须用火烤的。先抹上姜汁黄酱烤过，瓷釉就不致（至）于在烤时崩裂）。能再预备一双三百CC（毫升）的量杯，那就更可以看出研细兑胶后的上下浮沉情况了。

朱砂研漂方法

《芥舟学画编》："向有说'朱砂四两，须人工一日'，愚则以为必须两日。不过研愈多则黄膘（磦）亦多耳。研时须用重胶水。工足后，用滚汤入大盏搅匀，安半日许，倾出黄膘（磦）水，炭火上烘干。……出黄膘（磦）后，再入清胶水，细细搅匀，安一顿饭许，倾出，复候出黄膘（磦）水。"

《绘事琐言》："择其鲜红而有光彩者，洗过晒干，碾入擂钵，干乳至细，欲栩栩然飞出。则用胶水少许，兼以温河水飞之，飞下者粗也。再乳再飞，至紫色者，脚也。脚去之。先飞下者为标（礵）。浮于标（礵）上者，炁也。炁，弃之。先后飞下者作三层，大率与青绿同。多者用碗。少者用碟。"

"三朱"：研细时，入胶水研匀，温水搅开，将上黄水撇于碗中，皆飞下之朱也。此碗尚有粗脚，以指搅匀，另用一碗撇入黄水为第一碗。所遗沉脚，仍归乳钵，以俟再研。随将第一碗内黄水撇出为第二碗，所留第一碗内之红底，谓之三朱。

"二朱"：第二碗内黄水，少停一刻撇出为第三碗。所留第二碗内之红底，谓之二朱。

"头朱"：第三碗内黄水，停半日撇出为第四碗。所留第三碗内之红底，谓之头朱。

"黄膘"：第四碗内黄水，上有浮炁，以净纸盖水面拖去浮炁后，以碟盛黄水。置手炉上烘干。

朱分三层，每飞下时，须用滚水出胶。

以上二家，一家主张用重胶水研，一家主张洗过干研。朱砂少，可用前法；朱砂多，后法校便。但须滚水洗过再研。又连朗的漂法，他把朱标（礵）分成四等，这是比较细致的方法。不过，按一般的习惯名称，他所说的"头朱"，正是三朱，他所说的"三朱"，一般叫作头朱，他对石青石绿的头、二、三的名称也同样倒置。又"水飞""指搅"是漂颜色的方法，这即是"红楼梦"四十二回上宝钗所说的"飞"和"跌"。这方法是兑入胶水后，由于颜色颗粒的大小，浮沉的难易，以及胶水遇热上浮的特性，应用比重的原理，增减胶水来分析颜色，使它很明显的成为深浅各部分。

石青研漂方法

《芥子园画传》："石青……取置乳钵中，轻轻着水细乳，不可太用力，太用力则顿成青粉矣。然即不用力，亦有此粉，但少耳。乳就时，倾入磁（瓷）盏，略加清水搅匀，置少顷，将上面粉者撇起，谓之油子。油子只可作青粉用……中间一层是好青……着底颜色太深……是之谓头青、二青、三青。"

《芥舟学画编》："……但研至将细时，必以滚汤泡过搅匀，候一盏顷，去面上浮出者，然后再研。"

《绘事琐言》："漂青之法，略与漂朱同。乳钵内沉脚再研，加胶再撇如前，仍分三层，与前同用。越研越青，不可轻弃。凡乳青须细细轻研……其撇水时，须随搅随撇，不可久待。待之久，则青沉不去。……惟第三碟内撇去浮标（礵），不必指搅。至于用石青时，胶水须稠，火上熔用。用后加清水，火上烘之，胶浮于上，撇去净尽，是谓出胶。出胶不净，则下次再用，便毫无光彩，故必胶出净尽。俟再用，则临时再加新胶水可也。"

研漂石青的方法，三家所说，都不够详细。石青的原料，种类较多，在淘澄它时，也就比较费手。不过，连朗主张出胶，是非常必要的。

石绿研漂方法

元代李衎《竹谱》："设色须用上好石绿。如法，入清胶水研淘，作分五等。除头绿粗恶不堪用外，二绿、三绿染叶面。色淡者名'枝条绿'……更下一等极淡者名'绿花'。……若过夜，则将绿盏以净水出胶。"

《大明会典》："青绿石矿，每斤淘净绿一十一两四钱。暗色绿每矿一斤，淘净绿二十两八钱。硇砂一斤，烧造硇砂绿每斤一十五两五钱。"

《绘事琐言》："漂绿之法与漂青同。用时点胶，用后出胶，亦与石青无异。谚云：'绿不绿，胶不宿；碧不碧，胶不出。'似石青以出胶净尽为妙，石绿即不出尽，亦无妨也。"

李衎把石绿分成绿花、枝条绿、三绿、二绿、头绿五等，最精致，上好的石绿是作得到的。"大明会典"只是说明"彩画作"研漂石绿每斤的出头，连朗所引谚语，经实验，石绿不出胶，用时再兑清胶水研用，是完全可以的。并不妨碍色彩，越发的细腻好用。

手工研漂矿物颜料方法。

把原石放水中浸泡一段时间，稀释并清理表面杂质后风干或烘干。

把原石砸碎至黄豆大小，并根据颜色初步分拣归类。

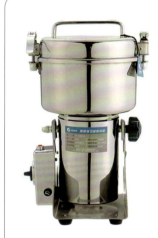

分拣后的原石颗粒用药材粉碎机粉碎。

把较大的石块挑出，用乳钵研磨至细沙状。

　　粉碎后的粉沙要用若干道清水细致过滤至水清澈，提纯去杂质（水要一点点加，稍摇晃再慢慢倒水，重复若干遍至沉淀的粉沙颜色纯净）。过滤用的容器应挑选白色为宜，便于观察颜色纯度。过滤后的废水中仍含有大量颜色，不宜马上倒掉。所以，应使用若干容器层层过滤，过滤到最后的颜色非常细腻，倒水要慢，可让颜色先沉淀一下再倒水。当水难于再倒时，让其自然风干，会得到最好的水干颜色。

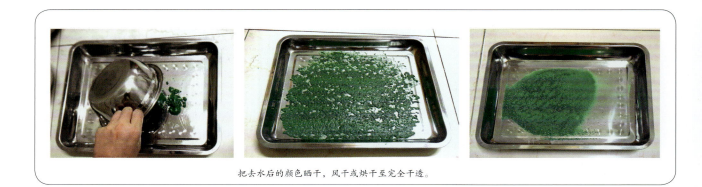

把去水后的颜色晒干，风干或烘干至完全干透。

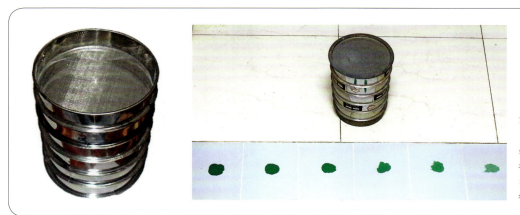

分别把100目（上）、150目、200目、250目、300目（下）筛网由上至下层叠。然后，把干透后的色粉放在最上层开始抖筛，可分出不同粗细的色层。手工颜料便制作完成。

| 100目 | 150目 | 200目 |

| 250目 | 300目 | 300目以上 |

3.天然矿物颜料色谱

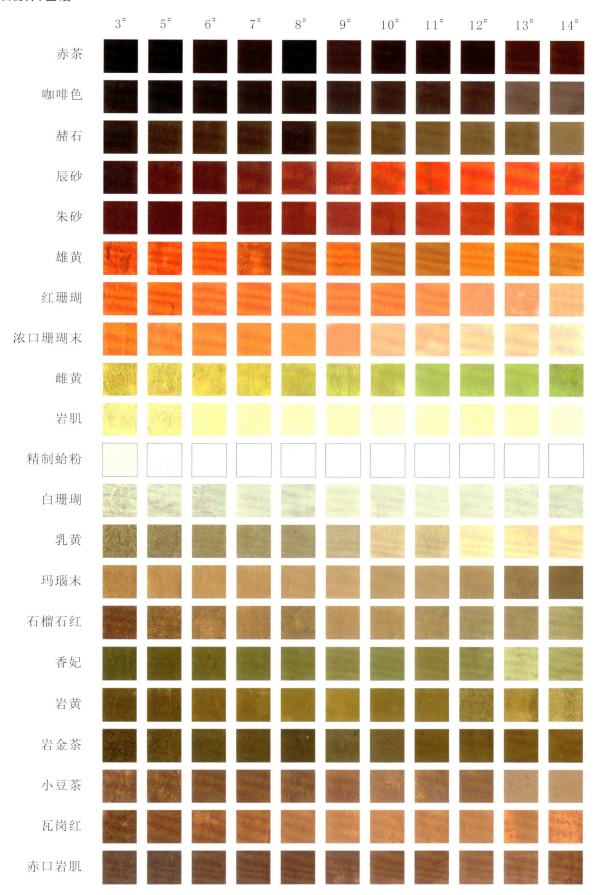

	3#	5#	6#	7#	8#	9#	10#	11#	12#	13#	14#
赤茶											
咖啡色											
赭石											
辰砂											
朱砂											
雄黄											
红珊瑚											
浓口珊瑚末											
雌黄											
岩肌											
精制蛤粉											
白珊瑚											
乳黄											
玛瑙末											
石榴石红											
香妃											
岩黄											
岩金茶											
小豆茶											
瓦岗红											
赤口岩肌											

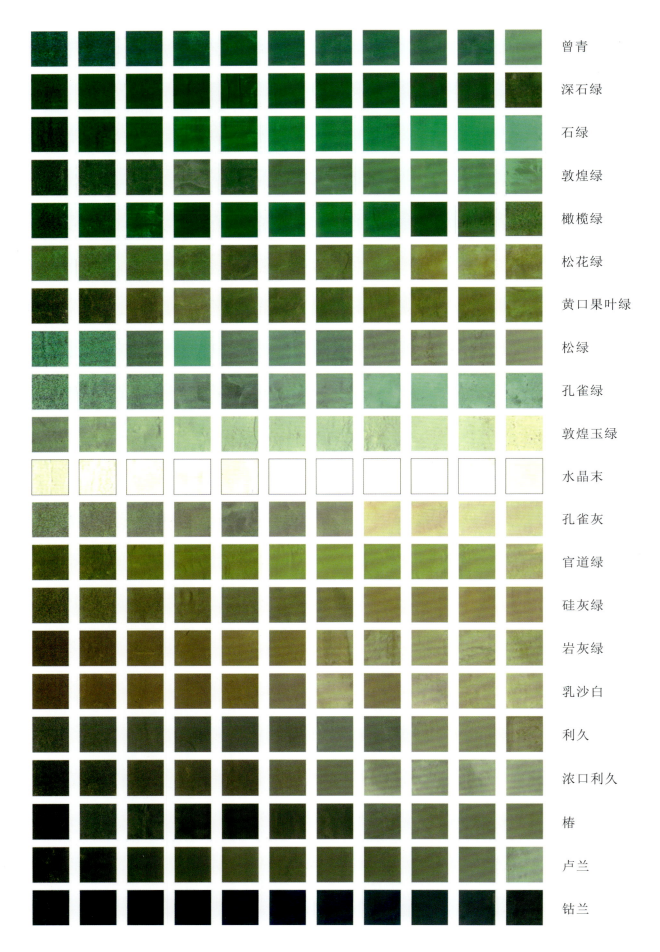

曾青

深石绿

石绿

敦煌绿

橄榄绿

松花绿

黄口果叶绿

松绿

孔雀绿

敦煌玉绿

水晶末

孔雀灰

官道绿

硅灰绿

岩灰绿

乳沙白

利久

浓口利久

椿

卢兰

钴兰

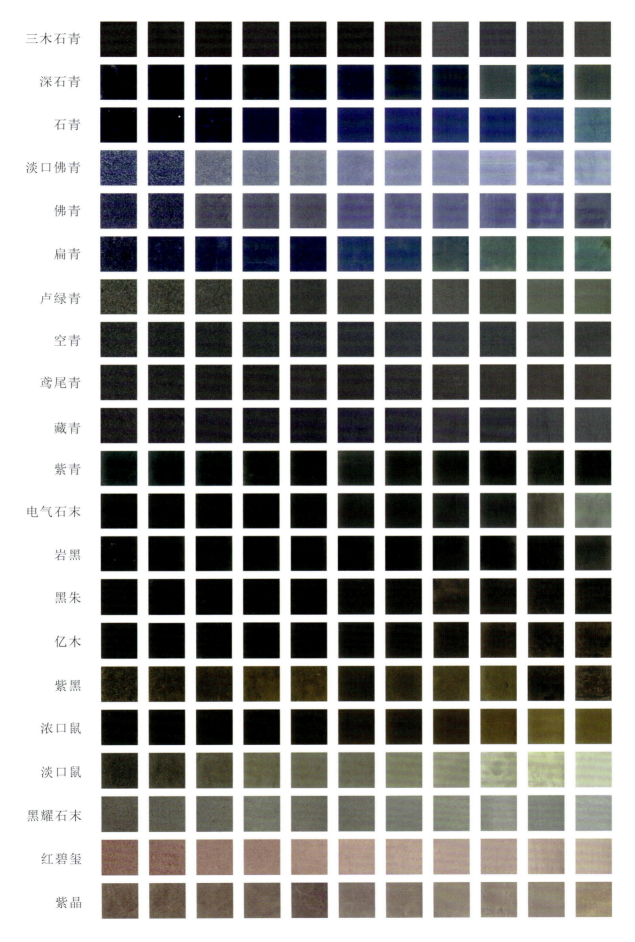

三木石青

深石青

石青

淡口佛青

佛青

扁青

卢绿青

空青

鸢尾青

藏青

紫青

电气石末

岩黑

黑朱

亿木

紫黑

浓口鼠

淡口鼠

黑耀石末

红碧玺

紫晶

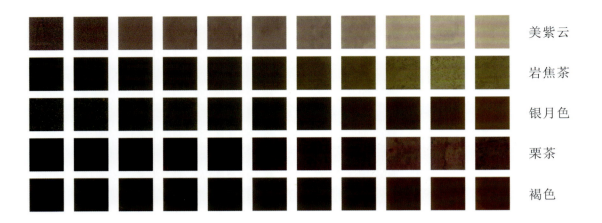

美紫云

岩焦茶

银月色

栗茶

褐色

矿物颜色加温产生色变。

　　天然矿物颜色经过加温可产生色相变重的变化。其中，变化比较明显的有石青、石绿等系列。持续加温可一直变化至冷黑色。但有些颜色严禁采用此加温技法，如：含汞的朱砂、辰砂以及含硫的雄黄、雌黄等系列（会产生有毒气体）。此外，如：红珊瑚、佛青、紫晶等颜色在加温后，颜色会变淡直至成白色。

（二）高温结晶颜料（新岩）

天然矿物色是绘画中最高级的颜色，但其种类色相有限，原石难寻，宝石矿物昂贵，所以就有了高温结晶颜料（新岩）的出现。新岩是采用陶器的上色颜料——釉的制作工艺。对矿石成分的熔块添加金属酸化物，然后和釉药一起放在800℃~1300℃的窑里高温熔化，冷却后凝结成人工石头，再经过粉碎、打磨、筛选制成人工结晶颜料。色相丰富，色质稳定耐光性强，不易变色，使用技法及质感与天然矿物色类似。它的使用是对天然矿物色种类及色相的极大补充。

1.日本新岩颜料色谱

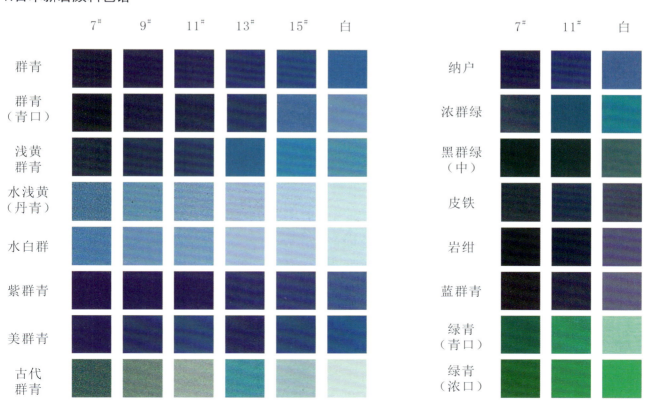

	7#	9#	11#	13#	15#	白		7#	11#	白
群青							纳户			
群青（青口）							浓群绿			
浅黄群青							黑群绿（中）			
水浅黄（丹青）							皮铁			
水白群							岩绀			
紫群青							蓝群青			
美群青							绿青（青口）			
古代群青							绿青（浓口）			

7#	9#	11#	13#	15#	白	名称	7#	11#	白	名称
						水群绿				锖白绿
						黑群青（A）				特上青绿
						黑群青				若叶
						群绿				鹅色
						果叶绿青				青茶
						松叶绿青（A）				黄草
						松叶绿青				美绿草
						美绿青				黄绿青
						古代果叶				莺茶（青口）
						烧绿青				莺茶（黄口）
						黑绿青（青口）				黄茶
						黑绿青				黄茶（黄口）
						若叶绿青				赤口岩黄
						草绿				淡口岩黄
						若叶绿青（黄口）				岩黄（KK）
						草绿（青口）				黄绿（薄口）
						古代绿青				土黄
						莺				金茶
						莺茶（中）				黄金末
						黄茶（中）				栗茶
						岩黄（K）				黑茶（中）
						山吹				小豆茶

	7#	9#	11#	13#	15#	白
岩茶						
黑茶						
代赭（黄口）						
代赭（赤口）						
焦茶						
桦茶						
岩桦（中）						
岩橙						
岩红						
岩绯						
樱色						
红辰砂						
辰砂						
岩桃						
岩紫						
淡口紫						
美紫						
藤紫						
银灰						
浓灰						
岩灰						
岩黑（上）						

	7#	11#	白
红桦			
黄桦			
黄红（中）			
胭脂			
紫金末			
紫红			
薄红梅			
紫灰			
岩灰			
利久灰			
青贝			
绿贝			
纯黑			

2.珐琅彩颜料

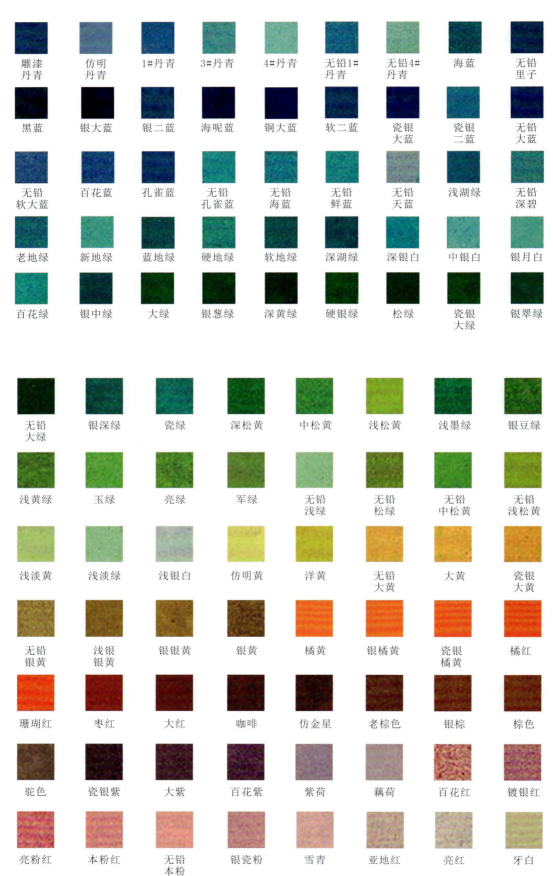

雕漆丹青	仿明丹青	1#丹青	3#丹青	4#丹青	无铅1#丹青	无铅4#丹青	海蓝	无铅里子
黑蓝	银大蓝	银二蓝	海呢蓝	铜大蓝	软二蓝	瓷银大蓝	瓷银二蓝	无铅大蓝
无铅软大蓝	百花蓝	孔雀蓝	无铅孔雀蓝	无铅海蓝	无铅鲜蓝	无铅天蓝	浅湖绿	无铅深碧
老地绿	新地绿	蓝地绿	硬地绿	软地绿	深湖绿	深银白	中银白	银月白
百花绿	银中绿	大绿	银葱绿	深黄绿	硬银绿	松绿	瓷银大绿	银翠绿

无铅大绿	银深绿	瓷绿	深松黄	中松黄	浅松黄	浅墨绿	银豆绿
浅黄绿	玉绿	亮绿	军绿	无铅浅绿	无铅松绿	无铅中松黄	无铅浅松黄
浅淡黄	浅淡绿	浅银白	仿明黄	洋黄	无铅大黄	大黄	瓷银大黄
无铅银黄	浅银银黄	银银黄	银黄	橘黄	银橘黄	瓷银橘黄	橘红
珊瑚红	枣红	大红	咖啡	仿金星	老棕色	银棕	棕色
驼色	瓷银紫	大紫	百花紫	紫荷	藕荷	百花红	镀银红
亮粉红	本粉红	无铅本粉	银瓷粉	雪青	亚地红	亮红	牙白

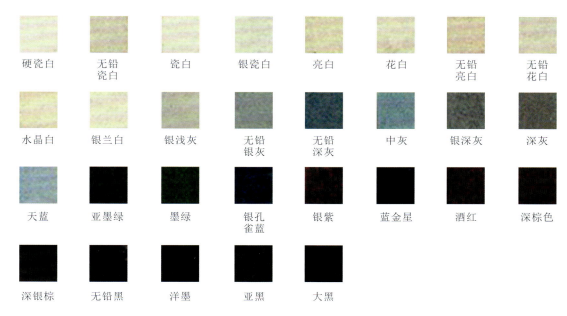

硬瓷白	无铅瓷白	瓷白	银瓷白	亮白	花白	无铅亮白	无铅花白
水晶白	银兰白	银浅灰	无铅银灰	无铅深灰	中灰	银深灰	深灰
天蓝	亚墨绿	墨绿	银孔雀蓝	银紫	蓝金星	酒红	深棕色
深银棕	无铅黑	洋墨	亚黑	大黑			

（三）水干（合成）颜料

是用方解石着染高级耐光颜料和植物色素而成的颜色。由于制作需要用水研磨染色，待水自然干燥后形成色块，所以称为水干色。粉状无颗粒感，色质稳定性不如天然矿物颜料及高温结晶颜料。

群青（上）	群青（中）	白群（上）	新桥	花蓝	本蓝	绿青（上）	美绿青	白绿（上）
锖白绿	白群绿	群绿（中）	烧绿青	浓草	草绿（中）	莺绿	若叶（浓口）	若叶（黄口）
黄	山吹	桦	黄朱（上）	赤朱（上）	洗朱	赤	洋红	红梅（上）
桃（中）	牡丹（中）	牡丹（上）	赤紫（上）	紫（中）	藤紫	美紫	肌色（中）	肌色（上）
银灰（中）	银灰（上）	素灰	焦茶（中）	黑茶（中）	古代朱（浓口）	金茶（上）	朱土	朱土（赤口）
代赭（黄口）	代赭（赤口）	黑	黄土（薄口）	黄土	黄土（浓口）	舶来黄土	特制黄土	上汁黄土

第二节
胶

胶是将岩彩画的颜料固定在画面之上的接着剂，是绘制岩彩画必不可少的用具。

（一）胶的种类

适合岩彩画使用的胶种类很多，大致分两类：

1.动物胶：多采用动物的皮、腱等为原料，胶内会有大量的胶原蛋白，胶性较好但容易变质。

2.植物胶：多为树枝干上分泌物形成的树脂，如桃胶，胶性较差，容易发脆但不易变质。

（二）常用的胶

1.三千本胶：日本最常用的胶，从古代沿用至今的棒状干燥胶。因为以前一贯目（数量单位）为三千本，所以就被命名为三千本。

使用方法：

（1）把棒状的胶切成需要的大小；

（2）浸水，浸至透芯约需一晚；

（3）以60℃~70℃温水溶解；

（4）可使用干净的纱布滤掉杂质。

三千本胶

2.粒胶（明胶）：中国最常用的胶。易于溶解的颗粒状的胶，接着力强。

3.液体胶：为了方便携带而制的简易胶（水），胶中有添加防腐剂。

粒胶（明胶）

4.鹿胶：胶中有添加防腐剂，分别有干燥与软韧两种效果。

干燥鹿胶：最基本的鹿胶，约从日本明治、大正时代开始制造和受到名家追捧。此胶的透明感和黏着力强，除纸外亦几乎适用于所有壁面、木板等底材。在干燥的环境也能保持特别良好的湿度，最适合在夏季高温作画时使用。

软韧鹿胶：软韧鹿胶是干燥鹿胶的改良型产品，即使是干了，其一定的柔软性也发挥着保持画面水润光泽的作用，最大限度防止开裂，又保留了其黏着性，多在卷轴、大尺幅画作中使用。

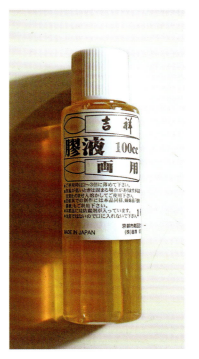

液体胶

干燥鹿胶

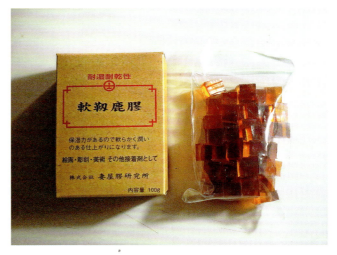

软韧鹿胶

5.特殊鹿胶：是绘画用胶中黏性最强的种类。由于岩彩画中绘画时并不能一次获得想要的颜色，而经常需要层层上色，作画过程中难免出现开裂。特殊鹿胶能最大限度防止开裂，特别适合梅雨季节或潮湿的地区作画时使用，质地柔软，不会发硬，湿气很重的多雨季节干燥和发色情况都会良好。此外，尤其适用于修补画面裂纹和清洗旧作。

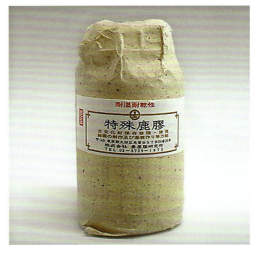

特殊鹿胶

软韧胶素

6.软韧胶素：原料与特殊鹿胶基本相同，但含有更多胶质、凝水成分和防腐剂，最适合在干燥的季节及较为干燥的地区使用，可防止作品颜色开裂，而且能使画面充满润泽和柔和的氛围。另外，由于含有润滑剂，可与其他硬胶搭配使用，起到软化作用。

桃胶

7.桃胶：是用桃树上分泌出来的天然树脂制成的胶。主要用来调配一些与蛋白质有化学反应的矿物颜料，如：银月、紫黑、亿木、黑朱等。

明矾

（三）明矾

明矾：化学名硫酸铝钾，主要作用是与胶调和成胶矾水，把生纸制成熟纸，防止上色时水分晕化以及防止纸本或其他材料的底吸收过多的胶液而导致颜色剥落。但因明矾能使纸张发脆，因此使用要恰当，不宜过量。在岩彩画制作中，也经常用胶矾水涂在银箔上，用以隔离空气，延缓箔氧化。

(四)胶水及胶矾水的配制方法（以下是用于纸本制作上的大致用量）

1.胶的溶解方法和注意事项:

（1）准备加热电炉、水锅、量杯、乳钵、胶和矾等。先用乳钵分别将胶和矾研磨至粉状。

（2）在固体的胶中加入预先准备好的水，适当浸泡一会儿，胶会变得容易溶解。胶与水的比例大约1:10。

（3）将胶水煮到60℃~70℃，慢慢溶解是最恰当的。沸腾了的话，接着力（黏性）会变弱。倒入热水后，可以用小勺或小木条慢慢搅拌，也可以采用隔水蒸煮的方法。在冬天，为防止胶水冷却后凝固，可以在盛胶的容器外面加一个盛有热水的碗，以保持温度。

软韧胶素和特殊鹿胶用作修复保存时，可根据破损程度和材质稀释10~100倍后使用。为了耐水性，必要时可加入若干生明矾来使用。

调配岩彩颜料用的胶:

胶的品种	胶的重量（克）	水的容积（毫升）
三千本胶	20	200
粒胶	18	200
液体胶	60	200
鹿胶（软韧、干燥）	10	200
软韧胶素和特殊鹿胶	10	200
桃胶	20	200

2.胶及胶矾水配制时应注意的问题

在夏季，胶会容易腐坏，请务必注意。变质后的胶，胶性丧失，切勿使用。

如果是调制颜料，单纯用胶水就可以了；如果是矾纸或者封箔就要调配胶矾水。

制作胶矾水的时候，胶和明矾要分别煮，等各自溶解后再混合在一起。

胶矾水太浓的话，会使纸变脆弱，易损坏。

3.配置胶矾水

胶水和矾水必须分开溶解，并在分别过滤后再混合在一起。

4.调制颜料时请注意以下几点

做底层时，胶要调稍浓一点，作品表面的胶适当稀薄一点。

调粗颗粒的颜料用稍浓一点的胶，调细颗粒的颜料用稀薄一点的胶。

夏季用浓一点的胶，冬季用稀薄一点的胶。

泡好的胶最好当天用完，用不完的胶应盖好放在冰箱内保存，以防腐臭变质，已变质的胶不可再使用，因胶的黏性已丧失。

调配胶矾水的一般比例：

胶的品种	胶的重量（克）	明矾的重量（克）	水的容积（毫升）
三千本胶	20	3.5	500
粒胶	18	3.5	500
液体胶	60	3.5	500
鹿胶（软韧、干燥）	10	3.5	500
软韧胶素和特殊鹿胶	10	2.5	500

（五）调胶与脱（漂）胶的方法

1.调胶

（1）将所需的颜色放在碟子中。

（2）试胶。在手指尖放一小滴胶液，等胶半干后能测试到胶的黏结力。因为胶在液体状态的时候感觉不到胶性，所以试胶（特别对于初学者）非常重要。

（3）在碟子中加入适量胶液。胶液的量以能让颜料黏结牢固，又不影响颜料发色为宜。颜料颗粒粗细对胶液的要求有所差别，需要一定经验积累，一般情况下颜料越粗需要的胶液越多。

（4）用手指顺一个方向糅合，动作需慢而稳。

（5）慢慢加力糅合，使胶液紧紧裹住每个颜料的颗粒，所以必须用手指进行。

（6）将胶液和颜料色粉调成稀糊状后，或根据需要加入少量清水，便可以使用了。

2.脱（漂）胶

（1）往用剩的颜色碟子内倒入开水。

（2）可用笔充分搅拌，使胶液释放并浮于水面。

（3）把表面的胶水倒掉。

（4）以上步骤重复2~3遍。脱胶后的颜料，自然风干，下次需要时，重新调胶即可使用。

（六）调制蛤粉的一般方法

（1）将蛤粉放入颜料钵，好好捣碎，研磨（也可以直接用已研磨好的蛤粉）。

（2）加入适量胶液（大致比例为2份粉，1份胶）。

（3）慢慢将蛤粉与胶液糅合。

（4）用力将蛤粉糅合成粉团。

（5）将粉团放在器皿里反复摔打，让胶液和蛤粉充分混合在一起。

（6）直到粉团质地柔软且表面出现润滑光泽。

（7）将粉团搓成条状。如果粉条散断，需重复之前步骤，直至蛤粉条柔韧细腻。还可以用隔水蒸煮的方法，去除生蛤粉所含的盐碱，称作拔碱。

（8）慢慢加入温水，用手指仔细调匀溶解。

（9）要充分溶解，不留粉渣。

（10）最后加入适当浓度的胶液调和即可使用。

金属材料是指金箔、银箔、铜箔、铝箔、锡箔和金粉、银粉、铜粉等金属箔和金属粉。

（一）金属箔

金属箔种类：

（1）纯金箔，含金量98%，又称98金，色调偏暖。

（2）青金箔，含金量90%，色调比98金稍偏冷。

（3）水金箔，含金量74%，又称74金，色调偏冷。

（4）白金箔，采用纯白金制成，色泽高贵，不变色。

（5）洋金箔（赤口），含铜成分的合金箔，又称仿金箔，色调偏暖。

（6）洋金箔（青口），含铜成分的合金箔，又称仿金箔，色调偏冷。

（7）纯银箔，含银量90%以上。

（8）铝箔，主要成分为铝，也有用以替代纯银箔，故也称仿银箔。

（9）黑箔，用纯银箔通过加温氧化加工制成。（日本常见的纯银加工箔）

（10）青贝，用纯银箔通过加温氧化加工制成。（日本常见的纯银加工箔）

（11）赤贝，用纯银箔通过加温氧化加工制成。（日本常见的纯银加工箔）

（12）铜箔，主要成分为铜。

纯金箔

青金箔

水金箔

白金箔

洋金箔（赤口）

洋金箔（青口）

纯银箔

铝箔

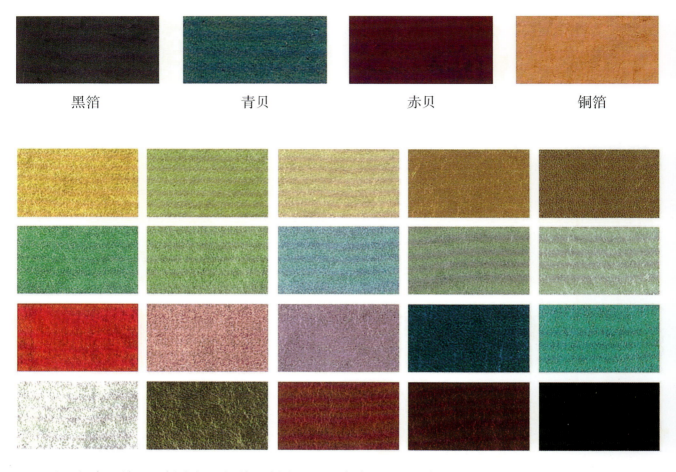

| 黑箔 | 青贝 | 赤贝 | 铜箔 |

（13）素和箔，用树脂加工银箔而制成。（日本常见的纯银加工箔）

（14）虹彩箔，在银箔上用墨流的方式，再添加树脂混制而成。（日本常见的纯银加工箔）。（墨流是指将墨汁或颜料滴在水面上所形成的波纹花样，用纸吸附浮在水面的颜料后在纸上形成的图案。）

（二）贴箔常用工具

竹夹子：主要用于夹取金属箔

竹刀：用于切割金属箔

转移纸（切纸）：主要用作吸附金属箔，以便转移粘贴在画面上

鹿皮台：用作切箔时的案台

砂子筒与砂子笔：用作捣碎金属箔及作为洒金技法的工具

（三）贴箔方法

贴箔的方法不少，根据不同箔的特点或不同的表现方式可以有不同的选择。常用的方法有抽纸法、点水法、油纸转移法、飞贴法、洒金法、熨箔法等。

1.抽纸法

（1）准备材料：毛刷、明胶水、海绵滚筒、竹夹子、金属箔、滑石粉（或爽身粉）、画稿等。

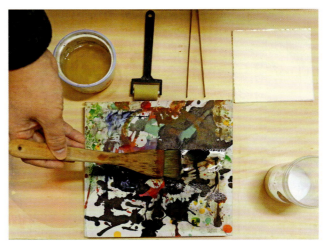

（2）用毛刷在画稿上均匀涂上明胶水，可反复涂两三遍，以便胶液渗透画面。

（3）竹夹子需要抹上点滑石粉（或爽身粉）。

（4）用竹夹子将金属箔与前后两张背纸同时夹起。

（5）将其中一张背纸对半翻起，如图拇指、食指、中指的指法拿住，并保持金属箔稍垂直平整状态。

（6）画稿需要垂直放稳。将金属箔对准位置，由下往上按在画稿上，同时，拿半截背纸的拇指松开，用食指和中指夹住并拿掉背纸。

（7）动作需要连贯，一气呵成，接着把另一层背纸取掉。

（8）用海绵滚筒或棉花、纸巾等，轻轻地把箔扫平。

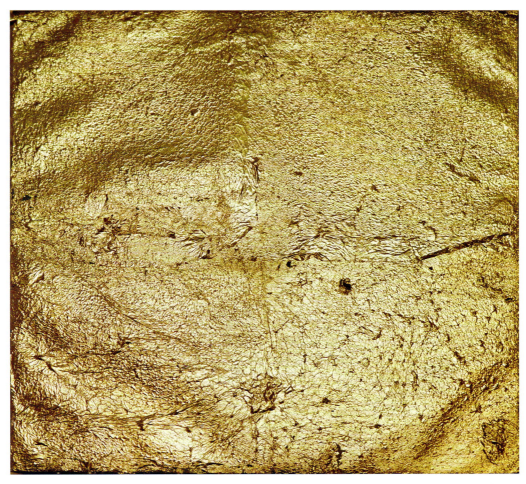

　　此方法的优点是方便快捷，比较适合贴铜箔、铝箔和厚质洋金箔（仿金箔）等相对厚一点的金属箔。难点在于不容易准确对位，需要大量反复练习方可掌握。

2.点水法

（1）准备材料：毛刷、毛笔、海绵滚筒、竹夹子、金属箔、明胶水、清水、滑石粉（或爽身粉）、画稿等。

（2）用毛笔沾上清水。

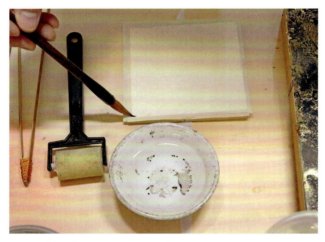

（3）隔着背纸在金属箔的四个角点上清水。

（4）用竹夹子将金属箔连同背纸一起夹起。

（5）手上抹上滑石粉（或爽身粉），将金属箔对准位置平放在涂好明胶水的画稿上。

（6）用竹夹子掀取背纸。

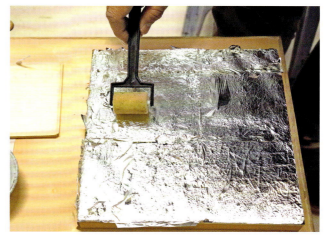

（7）等待1~2分钟让箔稍粘稳，这段时间可继续如法贴其他的箔。

（8）用海绵滚筒或棉花、纸巾等，轻轻地把箔扫平及压掉里面的空气。

　　此方法的优点是比抽纸法容易掌握，比较适合贴纯银箔、薄质洋金箔（仿金箔）等相对薄一点的金属箔。缺点是贴箔时容易形成气泡，掀背纸的时候要小心，容易将箔的四个角弄破。

3.油纸转移法

（1）准备材料：金属箔、山茶油（发蜡、润发油、润手霜等亦可）、纸巾、吸水纸、硫酸纸、毛刷、竹夹子、海绵滚筒、明胶水、滑石粉（或爽身粉）、画稿等。

（2）将山茶油（发蜡、润发油、润手霜等亦可）滴几滴在纸巾上。

（3）在吸水纸上使劲反复皴擦，至表面看不到油的痕迹。

（4）再用纸巾反复皴擦整张硫酸纸，但纸的表面仍需保持清爽，制成转移纸。

（5）用竹夹子取出金属箔。

（6）将转移纸覆盖在金属箔之上，用竹夹子侧面压平并挤出空气。

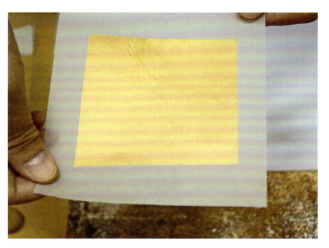

（7）直至金属箔完全附着在转移纸上，便可以轻松提起。

（8）轻轻贴放在已涂好明胶水的画稿上，轻轻提起转移纸。再用纸巾擦掉转移纸上沾有的胶水，并再次反复皴擦至表面干爽，便可再使用4~5遍。

　　此方法的优点在于可以避免手直接碰到金属箔，对位比较方便，比较适合需要贴比较平整的画面以及贴纯金箔、纯银箔等极薄质地的金属箔。但操作相对复杂，关键在于转移纸（油纸）的制作，需要一定经验（如果油分太多的话，箔不能与转移纸分离）。日本的画材有专门用于贴箔的转移纸，称切纸，使用较为方便。

4.飞贴法

（1）准备材料：毛刷、金属箔、海绵滚筒、明胶水、滑石粉（或爽身粉）、竹夹子、画稿等。

（2）用毛刷沾明胶水随意涂在画稿上（并非涂满画面）。

（3）用竹夹子夹起金属箔堆放在画稿上（不要求平整，要有起伏）。

（4）用毛刷沾明胶水涂满整个画面。

（5）反复皴擦至理想效果。

（6）待半干后，用海绵滚筒压紧或清理掉松动的金属箔。

　　此方法带有较大随机性，比较容易获得轻松自然的色块构成效果，比较适合岩彩画做底时使用。

5.洒金法

（1）准备材料：毛刷、砂子笔（或狼笔）、画稿、金属箔、竹夹子、海绵滚筒、吸水纸、明胶水、砂子筒等。

（2）细目砂子筒。

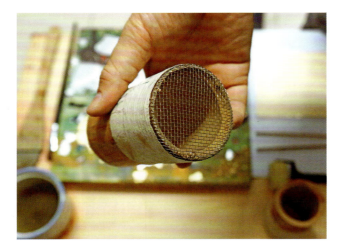

（3）粗目砂子筒。

（4）用竹夹子把金属箔塞入砂子筒。

（5）用砂子笔（或狼毫笔）捣碎。

（6）用纸接住捣落的金沙。

（7）把金沙重新倒入砂子筒。

（8）用毛刷在画面需要的部分涂上明胶水。

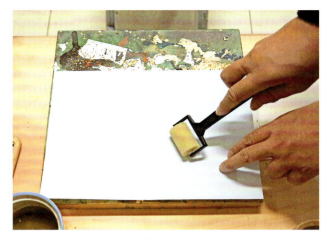

（9）用笔敲打砂子筒，让里面的金沙自然地洒落在画面上。

（10）用吸水纸盖住画面，用海绵滚筒滚压。

此方法可令金属箔的表现产生朦胧幻化的效果。

6.熨箔法

（1）准备材料：纯银箔、竹夹子、硫黄布、电熨斗等。

（2）将纯银箔放在硫黄布之上。

（3）用电熨斗加温。

（4）纯银箔产生色变。

（5）随加温的时间延长，纯银箔的颜色变化依次为银色—金黄色—玫红色—紫红色—青色—灰黑色。

（6）彩色出现的时间一般很短。

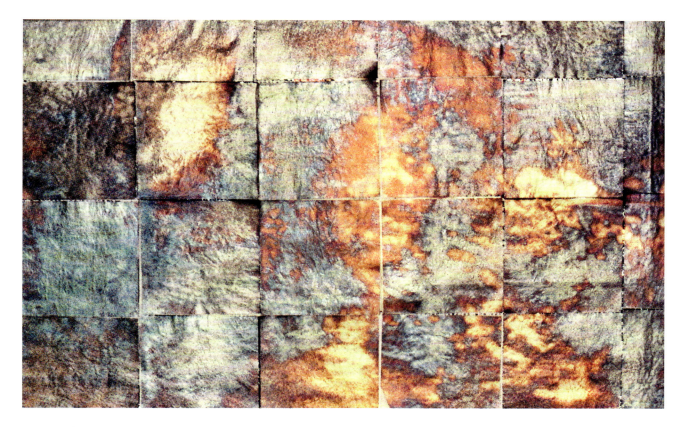

此方法是岩彩画制作中较常用的技法，箔在色变中产生变幻莫测的色调深得画家的钟爱。除了纯银箔，含银成分的所有箔、铜箔及含铜成分的洋金箔（仿金箔）都可以用此方法产生色变效果。但纯金箔、铝箔、锡箔及一些合金箔是不会产生色变的。熨箔法可以先把箔熨好，再贴在画面上；也可以先把箔贴好在画面上再熨，不过贴好在画面上的箔表面不要沾上胶液或胶矾水，否则熨箔色变不明显。

硫黄布的制作方法：

方法1：在清水中加入硫黄粉（1份硫黄、15至20倍的水），溶解后把棉布浸泡在其中，一天后，将棉布取出晾干，即可。

方法2：直接把少量硫黄粉均匀洒落在棉布上，用熨斗加温使硫黄渗入棉布，即可。

（四）金属粉

金属粉是由各种金属原料精制，将颗粒汇聚而成。

1.金属粉的种类

（1）金粉，有纯金粉、青金粉、水金粉等，其中青金粉、水金粉加入一定银的含量，出现不同的色相。

| 紫磨纯金粉 | 纯金粉 | 青金粉 | 水金粉 | 白金粉 |

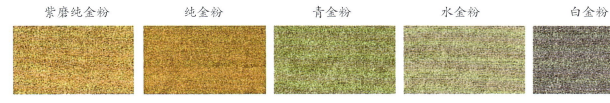

（2）银粉，除了纯银粉，在日本还有用银粉加工的各种彩色粉。

纯银粉	熏银粉（1号）	熏银粉（2号）	熏银粉（紫）	熏银粉（丹）	熏银粉（茶）

（3）铜粉。 　　　　（4）铝粉。

2.金属粉的调制方法

（1）将金属粉放入器皿中。

（2）再放入少量胶于器皿中，用手指使劲擦（蹭），使金属粉和胶融合在一起。

（3）用加热器等工具，将器皿烧热。

（4）关掉加热器，冷却一会儿，加入温水然后将其表面的水去掉。

（5）重复2~4的动作（工序）数次，就可以得到美丽的成色。

（6）最后保留少量的水，在里面提取颜色（胶太浓的话，金属粉的成色会变差，因此建议放入的胶稍微调稀薄一点）。

  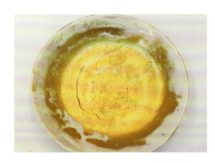

（五）关于金属箔与金属粉的变色

　　纯金、白金（铂）是不会变色的。银、镀金（铸金）、铜制品是会有变色和褪色的情况。铝制品会有腐蚀的情况发生。银与朱砂，雄黄等含汞或硫的颜料合用时，颜色容易变黑。无论哪一种金属箔与金属粉，用胶矾水等做保护膜，可以有效保护其变色程度。

岩彩画需要纸肌较厚，纤维较长，承载力较强的纸。在中国，通常使用的有皮纸或麻纸。其中，温州皮纸以其纤维韧性较强，使用更为广泛，在托裱2~3层后，可以经得住反复皴擦制作。

白麻纸

麻纸

温州皮纸

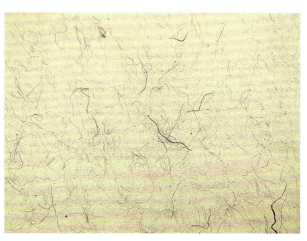

云肌麻纸

在日本，纸类的选择更多，用途分得更细。其中，比较具代表性的有：

云肌麻纸： 在麻中加入一点楮混制而成。常应用于绘制岩彩画。因为质地厚实，（纸质）肌理粗犷，是能够很好地表现颜料色彩（包含其他绘画材料）的纸。用来做裱里纸能极好地发挥其优点。

白麻纸： 制作原料与云肌麻纸相同，经漂白的漂白纸。

1号相当薄；2号质地厚；3号中等厚度，生纸还可以用于画水墨画。

鸟之子： 用细腻纤维制成的平滑有光泽的纸。适用于表现微妙的线条，薄涂法，撞水撞粉技法等的作品。可以充分发挥这些技法的独特性。

神乡纸： 用楮制作。1号纸薄，2号纸稍厚一点儿，也可以用于水墨画。

栖凤纸： 由楮混合浆（纸浆），再加入墨汁和糨糊调和，然后提取而制成的纸。

赤麻纸： 由麻加入楮以及芯材（木材中心红色的部分）制成的麻纸。

生麻纸： 用没有煮沸的麻制成的抄纸（半透明纸，过稿纸），质地粗糙。

布目麻纸： 做出布纹纹路的麻纸。

自然色麻纸： 未经漂白的麻纸。

天平纸： 雁皮十三桠（雁皮：荛花、黄芫花。树皮纤维供作造纸原料。桠：枝丫），常用于写经等。

绀纸·蓝纸·朱纸： 雁皮十三桠，用各种颜色染制而成的纸。

金潜纸·银潜纸： 覆盖在洋金箔上的薄隔纸（和纸）。

越前画仙： 白色有点厚的宣纸，常用于画水墨画。可作为裱纸（涂了胶矾水的裱纸），也可用于画岩彩画中的小品。

机械漉纸画仙： 练习用。

薄美浓纸： 由楮的纤维而制，没有花斑（染色均匀）、漂亮的抄纸。常用于画底画（底稿）、摹写（特别用于精确摹写）、过稿。

楮纸雁皮入： 楮和雁皮的比例为8:2。使用的时候极少渗漏，容易掌控。可以用于画水墨画，也是可绘书信纸。

楮纸（越前）： 多作为绷裱画板的专用纸。结实透写，也可以用于画水墨画，是用途广泛的纸。

制作拷贝纸（用于岩彩画过稿，如同复写纸的原理）：

（1）用啤酒调和色粉，加入少许明胶液。

（2）均匀涂在生宣纸上。

（3）等干透后轻轻抖掉表面脱落的色粉，即可。

岩彩画用笔的种类众多，包括各种毛笔、排刷、连笔等。根据表现需要以及个人喜好做出选择。但由于胶对笔的伤害较大，所以用完的笔要注意清洗。

（一）付立笔

长流笔：

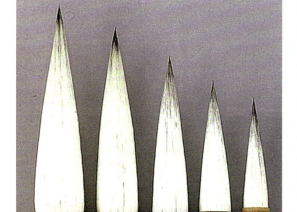

别大　特大　大　中　小

玉兰笔：

特大　大　中　小

山马笔：

大　中　小

　　1.**长流笔**：水墨画中最常用，从涂颜色到描线都可以使用的万能笔。

　　2.**玉兰笔**：用法和长流笔相同。上层毛（表层的毛）是用马毛制作，可以画出有力道的硬挺线条。

　　3.**山马笔**：用鹿毛和马毛（尾巴）制作，其结构令毛笔更加硬挺。笔尖回峰强韧有力道，可以做出独特的表现。

（二）彩色笔

彩色笔：

夏毛彩色笔：

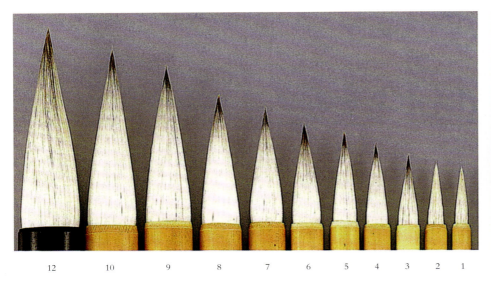

12　10　9　8　7　6　5　4　3　2　1

特大　大　中　小

1.彩色笔： 上层毛使用大量羊毛而制成的毛笔。

2.夏毛彩色笔： 用黄鼠狼毛和羊毛等制成的硬毛毛笔。

（三）描线笔

削用笔：

则妙笔：

如水笔：

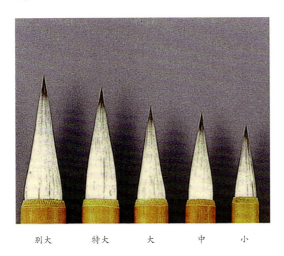

别大　特大　大　中　小

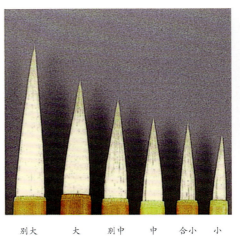

别大　大　别中　中　合小　小

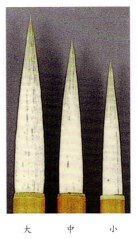

大　中　小

1.削用笔： 主要用于勾勒硬挺的线条，也可用于某些地方涂颜色。

2.则妙笔： 主要用于勾勒柔软的线条，也可用于某些地方涂颜色。

3.如水笔： 纯羊毛，可以勾勒出相对柔软的长线条。

（四）描线笔（面相笔——勾勒细线条）

毛书面相笔：

大　中　小　极细

鼬毫面相笔：

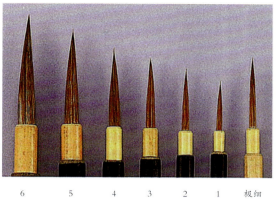

6　5　4　3　2　1　极细

茶轴鼬毫面相笔：

特大　大　中　小　极细

1.毛书面相笔：用优质白狐狸毛制成的硬挺的毛笔。

2.鼬毫面相笔：回峰很好，笔喉灵敏好转动。

3.茶轴鼬毫面相笔：使用黄鼠狼柔软的毛制成。

（五）其他描线与染色笔

隈取笔：

别大　特大　大　中　小

白眉笔：

大　中　小

柳眉笔：

霞光笔：

点付笔：

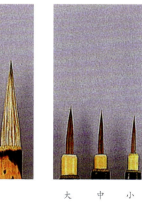

大　中　小

1.隈取笔：马毛和羊毛混制，含水量极多的毛笔，用于画出渐变晕染效果。

2.白眉笔：羊毛包裹黄鼠狼毛而制成，可以画出强而有力的线条。

3.柳眉笔：用于勾勒特别细长的线条的长锋黄鼠狼毛笔。型号有大、中、小。

4.霞光笔：使用马毛做上层毛的硬挺勾线笔，也可写书法。

5.点付笔：使用黄鼠狼毛制作，用于画点和短线条。

（六）平笔（用于一些大面积上颜色）

10　　　9　　　8　　　7　　　6　　　5　　　4　　3　　2　　1　0

（七）连笔（比刷毛柔软的画笔）

2.2分轴7连笔（平型）　　　　　2.2分轴5连笔（片羽）　　　　1.8分轴5连笔（平型）

（八）毛刷

一般绘画用的毛刷、油漆刷

白木地毛刷
（可绘画用，也可涂胶
矾水用）

胶矾水毛刷
（毛的含量多）

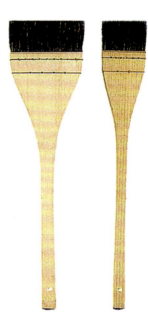

唐毛刷（清理用，不
能湿水）

毛刷应用示范

第2章

教学篇

第一节
古代壁画临摹

龟兹风，新疆克孜尔第38窟壁画局部

中国古代壁画曾经有着辉煌的历史，从新疆到敦煌到麦积山再到隋唐以前的中原壁画，积累了大量优秀的如宝石般璀璨的作品，至今仍然受到世人的瞩目。这些壁画主要是以矿物颜料绘制而成，其制作程序也相当成熟，是岩彩画主要的借鉴来源。因此，对古代壁画的临摹学习，是了解并掌握矿物颜料的基本特性及基本技法的重要且有效的途径。

临摹古代壁画，要了解壁画的历史和现状以及其形成的原因，这是材料表现的研究基础。传统的技法对岩彩画无疑是一笔重要财富，需要深入挖掘。但并非要把传统的形制当作僵化的准则。岩彩画注重材质肌理的对比与表现，对材料选择粗细结合，表现手法也丰富多样不拘一格，彰显材质迹象以及材质碰撞力度，令作品具备独特审美效果。古代壁画现状所呈现丰富的材质肌理美感与岩彩画对材质表现追求有着许多不谋而合之处。

因此，以开放的态度探索、研究、发现、拓展古代壁画，特别是壁画现状的独特美感，是岩彩画学习和研究的精神所在。

一、中国古代壁画概况

佛教在公元前后沿古丝绸之路开始传入中国新疆地区，然后到达甘肃敦煌，并继续向东发展至陕西及中原地区。由于佛教的兴隆，佛教石窟相继开凿，石窟中的佛教壁画也得以大量绘制。

（一）新疆壁画

今天的新疆壁画主要分布在新疆的拜城、库车、焉耆、吐鲁番一带，主要的石窟有克孜尔石窟、克孜尔的尕哈石窟、库木吐拉石窟、森木塞姆石窟等。新疆的石窟壁画都带有很强的西域风格，其题材和内容，在6世纪以前主要是以释迦牟尼的前世因缘和在世的传说故事为主，即佛的"本生故事"。在6世纪时，出现了千佛造像。8世纪以后，壁画的布局及绘制技法明显受中原北方石窟壁画的影响，其艺术风格可分为"龟兹风""汉风"和"高昌回鹘风"等。

其中"龟兹风"壁画数量最多、分布最广，其题材种类，画面构图，人物形象以及表现技法都受中亚地区的"犍陀罗"壁画画风的影响。画面中的建筑、道具多取自印度，人物用红土色勾勒形象，用晕染法表现明暗关系及立体感。当然，在这类风格的壁画中也不乏一定的地方特色，如克孜尔石窟壁画中的菱形格式构图就是其一大特色。

"汉风"壁画数量较少，主要集中在库车的库木吐拉地区。画面章法、人物线描造型、表现技法均受中原地区汉族画风的影响。

"高昌回鹘风"的作品数量介于"龟兹风"与"汉风"之间，主要分布在吐鲁番地区，形成于高昌回鹘时

汉风，新疆库木吐喇第14窟壁画局部

高昌回鹘风，新疆克孜尔第100窟壁画局部

敦煌莫高窟254窟局部 北魏

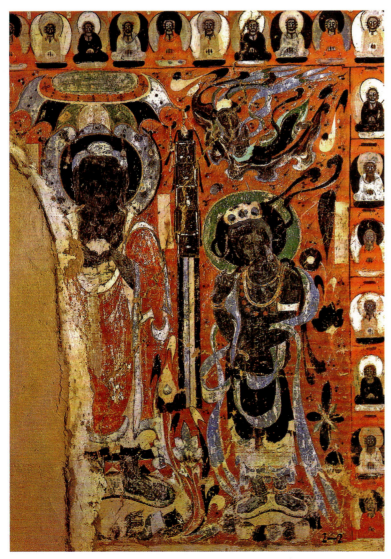

2-2

敦煌莫高窟302窟局部 隋代

期，既吸收汉风壁画的线描造型，又具有民族用色的特点，从而形成独特的风格。

（二）敦煌壁画

敦煌地区是西北沙漠中的一个绿洲，位于"阳关"大道的道口上，从汉代起，凡是西来的商队必经此地。它既是西北地域上的重镇，又是佛教文化传播、发展的重要地区。敦煌的佛教石窟群包括敦煌莫高窟、西千佛洞和瓜州县的榆林石窟、东千佛洞等，历经了1600余年数个朝代的修建，现存石窟500多个，共有壁画45000余平方米。

魏晋时期的莫高窟壁画具有明显的外来影响的痕迹，尤其在早期的作品中，保留着西域壁画的影响。佛像的外形与姿态受"犍陀罗"佛教艺术风格影响，色彩浓重，分层分面渲染、衬托，但画面也出现了汉代的楼阁、城池和神兽、动物形象，形成了这一时期的独特风格。

隋代的莫高窟壁画中，人物刻画比前代细致。菩萨的脸型有方形、长条形、广额、秀额等；罗汉的头型有扁有圆，并有汉像与梵像之分；菩萨的姿态从呆板的双腿并立发展到一腿微曲，把重心放在另一腿上的自然倾斜姿态，菩萨多半袒露右肩，腰束锦裙，衣裙上装饰着各种波斯风格的花纹，形成隋代菩萨特有形态。

唐代的莫高窟壁画，具有鲜明的唐代风格和地方特点，与隋代以前的壁画作品截然不同。魏晋时期的粗犷、质朴特点已经消失了，取而代之的是一种细腻、富丽辉煌的画面风格。壁画从原来的"说法图"，逐渐发展为表现佛经内容的"经变图"，场面宏伟，层次复杂，构图既突出人物，又表现出对称、均衡、疏密、远近、大小关系；人物比例匀称，线条流畅，赋色渲染晕染结合，建筑注意透视关系，犹如界画。

五代、宋、元时期，一方面由于交通日益便利，对敦煌的依赖逐渐减少；另一方面中原文人画的兴起，少有画家再从事壁画的创作而更多转向纸上绘画。但仍有西夏时期的一些密宗壁画及元代极少数的精美洞窟出现。

敦煌莫高窟57窟局部 初唐

敦煌莫高窟172窟局部 盛唐

敦煌莫高窟3窟局部 元代

敦煌莫高窟465窟局部 元代

二、还原临摹法

（一）教学目的
　　体会古代壁画精神追求与艺术表现手段，并且模拟古代壁画制作程序，了解壁画材质构造特点。

（二）教学步骤
　　（1）选择云纹麻纸或皮纸托裱2层，晾干。

裱纸

　　（2）以2份胶1份矾20份水调配成胶矾水，并均匀涂抹于干透后的云纹麻纸，把纸矾熟。

矾纸

　　（3）把矾熟后的纸崩裱在画板上，并固定四边。

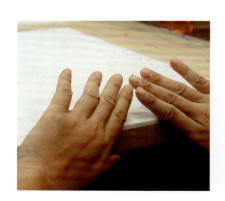

上板

还原临摹（敦煌土）

还原临摹（蛤粉底）

（4）用1份胶5份水比例调配明胶水，混合敦煌土在画面上平刷1～2遍。模拟土壁质感。

（5）用1份胶5份水比例调配明胶水。再用1份明胶水2份蛤粉的比例，将蛤粉和成粉团，反复摔打至表面光滑细腻，慢慢加水研磨成粉浆，在土层上均匀刷1～2遍。基础层制作完毕。

（6）用硫酸纸或熟宣透印过稿，并整理造型线条关系。然后点一根香，顺着线条每隔3毫米左右烙一小洞，制成粉本。

（7）将粉本平铺在画面上，四边固定。用红土沿线条拍打，取下粉本后画面留下很多红点。然后，土红调胶以接点成线的方法勾勒画面轮廓。

（8）用土红、土黄、黑、白区分画面大的黑白灰关系。

（9）确定画面整体色彩关系。

（10）深入刻画，提线定型。

（11）整体调整。

过稿、上底色

还原临摹完成稿

壁画现状制作稿

三.现状临摹法

（一）教学目的

古代壁画现状临摹不能简单理解为做旧、复制或者造假，因此要正确理解什么是壁画现状。

所谓现状，是指古代壁画经过历史的人为破坏和大自然的洗礼之后，透出不同材质的多个层面肌理，这些层面叠加在一起就形成了今天我们所说的现状。

1.现状形成的原因

古代壁画现状的形成除了人为的原因，还有在大自然的风蚀雨淋等各种自然灾害和墙体本身的各种分泌物腐蚀作用下，壁画出现颜色氧化、龟裂、剥落所造成的面貌。根据敦煌研究院保护所研究证明："敦煌壁画发生酥碱病变的主要原因是，壁画材料中的可溶盐被水溶解后迁移到地仗层中，又随洞窟中温度湿度的变化以及地仗层中水分含量的变化频繁地'溶解—结晶'而造成的。"

此外，铅丹氧化变色也是壁画现状变化的一大特征。铅丹，在《本草纲目》中称为黄丹、丹粉和朱粉，在绘画中称作铅红、漳丹、章丹等名。

铅丹

它是古代常用的一种颜料，因色泽呈娇艳橘红色，常常与石灰或白垩土等调和后用在壁画中人物肌肤之处。由于含铅，容易氧化，氧化后呈棕黑色。敦煌壁画中出现大量的"黑脸佛像和菩萨"大多为铅丹变色所致。

其他造成壁画残缺的原因还包括各种材质构造的关系、生态环境、历史形成的其他原因等。

可见，壁画现状的残缺并非原作作者的刻意安排，不属于主观意识，因此可以把它们统称为"偶然因素"。而壁画残存的部分才是作者主观意识的反映，我们姑且称作构成壁画现状的"必然因素"。壁画现状中所包含的这些"偶然因素"及"必然因素"，呈现了可控与不可控之间的微妙关系。

2.现状的材质构造

为了更好地理解壁画现状中各种材质组合特点，我们需要对壁画现状的材质构造进行分析。古代壁画现状从材质构造上可划分为五个层次。

支持体，即墙体，也就是石洞开凿后的墙壁。由于地域差异，并不是所有古代石窟壁画的墙体都是一致的。有的含土质，有的含石岩质，有的含沙质等，这都是由当地自然条件决定的。如：莫高窟等敦煌石窟开凿在酒泉系砾岩上，此种地层结构粗糙又易风化疏松，岩壁极不平整，无法直接绘制壁画，所以还要在将要绘画的砂砾岩壁画上制作"壁画地仗"。

基础层，石洞凿好后，先用取自洞窟附近的粉质沙土，掺加麻筋或麦秸草等纤维调和制成泥，压抹在洞窟的窟壁上，做成"粗草泥层"。待干透后，再用河床的澄板土掺加棉麻、胶水或米浆调制成稀泥浆，涂抹在粗草泥层之上，形成细泥层。干透后再涂上一层非常薄的高岭土、石灰或石膏之类的白粉层，这就是基础层。

颜料层，即画面的原貌。古代壁画画材以天然矿物颜料为主，也有植物颜料及金属箔等。由于植物颜料耐光性较差，大部分已褪色，但罩染的痕迹还在，使底下的矿物颜色有种水落石出的感觉。金属箔用于局部装饰如沥粉贴金之处。

腐化层，是指墙体的各种分泌物、龟裂、剥落、风蚀雨淋等自然灾害以及烟熏火燎和其他人为破坏的痕迹等。

浮尘层，指烟尘、灰尘等悬浮于壁画上的层面。

壁画现状效果改变了壁画原有的画面构成秩序，原本平面工整的画面效果被打破；原本的画面像是被一层层半透明的障碍物所遮盖，显得深邃厚重若隐若现；剥落的部分透出了底层粗糙的材质与残存部分形成带突变的粗细对比；一些原本只是平涂的色块，却因各种原因产生了非常丰富的肌理变化；而一些原本对比强烈的造型与色彩关系，却因烟熏火燎或风蚀雨淋而减退甚至变得混沌不清等。现状效果在材质肌理和整体色调上使原来的画面增加了各种软硬、粗细、松紧、虚实、进退、突变等对比关系，令画面色彩和肌理的广度和厚度被大大地扩展。因此，壁画现状之美恰在"破"与"不破"之间。

浮尘层　　　　　颜料层、腐化层　　　　　支持体、基础层

（二）教学步骤

（1）基础层制作与"还原临摹法"1~5步骤相同。

蛤粉底

（2）过稿：把需要画的色块勾勒在拷贝纸上作为线描稿。要求尽可能细分各种色块与线条的造型变化。目的是为往后丰富精到的刻画打下基础。

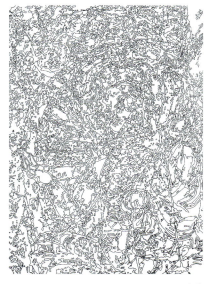

过稿

做底

（3）做底：用水干颜色或细号的矿物颜色做薄底，并用复写纸或色粉纸把线描稿过在画面上。

画墨稿

（4）画墨稿：用浓淡不同的墨画出稿子的素描关系作为墨稿。这一步一方面可将过稿后画面密密麻麻的线条调整成整体的素描关系，为深入刻画提供方便；另一方面使画面更沉着厚重。

上对比色

（5）上对比色：画面中重的颜色和灰的颜色用对比色做底，亮的颜色和鲜艳的颜色用类似色做底。目的是增加画面的色层关系，让岩彩的发色更丰富厚重。

深入刻画

（6）深入刻画、整体调整。

新疆库木吐喇第48窟局部现状临摹（完成稿） 颜景亮 58cm×42cm 纸本、矿物颜料 2006年

新疆库木吐喇第46窟局部现状临摹 颜景亮 90cm×60cm 纸本、矿物颜料 2002年

敦煌莫高窟第402窟局部现状临摹 颜景亮 90cm×60cm 纸本、矿物颜料 2014年

山西严山寺壁画局部现状临摹　颜景亮　100cm×80cm　2004年

新疆克孜尔第38窟局部现状临摹 颜景亮 60cm×90cm 纸本、矿物颜料 2003年

（三）古代壁画现状临摹的意义

（1）古代壁画现状临摹有利于学习继承古代优秀壁画的传统美学与材料表现特征，并了解壁画现状的形成背景及原因。

（2）现状临摹有利于我们研究矿物颜料的特性与使用方法，如：不同颜料的发色特点，人工颜料与天然矿物颜料的差别，矿物颜料的发色条件以及矿物颜料在加热状态下，所产生的色相变化等。

（3）现状临摹有利于岩彩技法里薄绘技法的练习。体会薄中见厚的艺术效果。

（4）现状临摹有利于体会绘画载体的肌理对艺术的表现和多种材质的交互并置所产生的美感，对研究、拓展当代岩彩材料的综合表现技法十分有益。古代壁画现状为现代岩彩画的发展提供了各种各样的可能性，正等待着我们去挖掘。

学生作品：

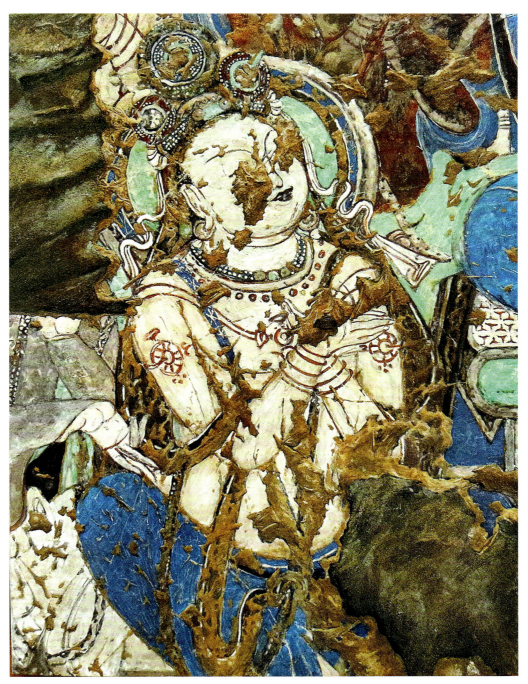

新疆克孜尔第38窟局部现状临摹　蔡惠莹　55cm×40cm　纸本、矿物颜料　2012年

点评：

　　此作品很好地把控了古代壁画现状特征，造型准确，色调和谐，对材质的表现细腻到位，体现了作者具有较强的深入刻画能力。

新疆克孜尔第38窟局部现状临摹　陈翠婷　55cm×40cm　纸本、矿物颜料　2013年

点评：

　　此作品较好地处理了古代壁画现状中残损与残存部分
的对比关系，疏密、松紧关系得当，表现手法较多样，画
面节奏感较强。

新疆克孜尔第48窟局部现状临摹　毛丽茹　40cm×60cm　纸本、矿物颜料　2005年

点评：

　　此作品构图完整，色调和谐。作者对不同粗细颗粒的矿物颜料使用较熟练，作品感觉厚中有薄，薄中见厚。

新疆克孜尔第14窟局部现状临摹　林锦峤　60cm×40cm　纸本、矿物颜料　2005年

点评：

此作品疏密、粗细的对比手法运用得非常极致，疏松之处轻松通透，密集之处层叠厚实，更可贵的是两者又能和谐统一。

敦煌莫高窟第57窟局部现状临摹　林伟根　60cm×40cm　纸本、矿物颜料　2013年

点评：

　　此作品较好地把握住了第57窟这尊菩萨的神韵，用的颜料虽然以细颗粒材料为主，但运用层层叠色结合水洗法，使画面通透自然，反而达到"薄中见厚"的效果。

新疆克孜尔第14窟局部现状临摹 吴德华　50cm×40cm　纸本、矿物颜料　2012年

点评：

　　此作品整体完整，色调和谐，细节刻画比较丰富，拉开了残损与残存的对比关系，稍有不足的是画面处理略显平均。

新疆克孜尔第47窟局部现状临摹　胡德宝　40cm×55cm 纸本、矿物颜料 2012年

点评：

　　此作品细节非常丰富细腻，作者对壁画现状的材质构造观察得很细致，作品对质感的表现是到位的，只是主体中的白点与白线的处理过于僵化，对整体有一定影响。

新疆库木吐喇第46窟局部现状临摹　叶国才　50cm×40cm　纸本、矿物颜料　2010年

点评：

　　此作品用丰富的色彩打了底色，并较熟练地运用叠色手法进行绘制，用笔较放松。因此，整体效果轻松自然。如能把"灰"的过渡层再处理好一些，会更有利于画面的整体节奏。

第二节
岩彩画写生

岩彩画写生是学习岩彩画基础技法中的重要一环。对绘画材料的了解和学习，需通过反复的训练和制作实践，同时需要有一个由浅入深、循序渐进的学习过程。通过对古代壁画的临摹学习，掌握矿物颜料的材料特性与基本使用方法后，如何深化理解及灵活地运用各种表现技法，能否激发岩彩画创作的经验积累，这是岩彩画写生充当极其重要的桥梁或者实验的作用。因此，岩彩画写生是在临摹到创作中间一个实验、尝试、经验累积，具体运用，甚至建立语言的过程。

一、教学目的

通过写生练习培养学生灵活地运用各种岩彩画的制作手段，追求自我表现的能力。

二、教学步骤

（一）素描

素描的作用是为岩彩画制作提供依据及基础准备。因此，要求素描以岩彩画的材料表现效果，能体现岩彩画制作的构思与设想以及个人的艺术表达为方向而进行。

要求：

（1）运用具象表现手法，体现写生课程的特点。

（2）注重线条与色块的配合，表现对象的造型与结构关系，但又有别于工笔画。

（3）色块的运用以表现结构以及画面的构成关系为主，有别于某些油画的光影表现。

岩彩画与工笔画用线要求比较：

岩彩画

线条是构成整体画面点、线、面关系的一部分。

线与色是相融合的。

工笔画

线条除了对造型的概括，还强调自身美感。

线条完全可以从画面关系中剥离出来。

线面构成

光影表现

以戴头巾的女青年头像写生为例：

（1）素描写生

（2）线描

（3）色彩稿

（4）岩彩画制作

《女青年头像》（完成稿）　詹晓燕　80cm×60cm　纸本、矿物颜料、金属箔　2009年

三、岩彩画技法简介

（一）晕染法、渐染法

这是中国传统绘画最常用的技法。利用颜料黏合剂水性特点，以晕染、渐染手法染上矿物颜色以达到半透明效果。如传统青绿的施色步骤是淡墨做底，先染赭石，再染石绿，最后再施染石青。

（二）积色法

是以不同色彩倾向且粗细不一的矿物颜料反复染上(最好一层粗一层薄），达到微妙的色彩变化效果。是近现代日本画比较常见的表现技法。

（三）平涂法

将矿物颜料均匀涂抹于画面之上，覆盖底层变化。

（四）撞色法

用喷壶打水雾稍稍湿润画面，趁未干时加入几种饱和的较细颗粒矿物颜料，产生自然晕化的效果。

（五）挂色法

把画面竖起，将矿物颜料用泼、甩、挂汤等手法置于画面，造成画面流落与残留的痕迹。

（六）水洗法

在各种颜色、材料叠绘若干层后，以清水或温水洗擦画面，透出底层变化，以达微妙朦胧的效果。

（七）脱落法

用砂纸打磨或用刮刀刮掉表层颜色，透出底层色彩，造成剥落的肌理效果。

（八）刮色法

用刮刀把颜料刮附在画面上，产生厚薄、虚实变化的效果。

（九）叠色法

利用颜色层层相叠，但非完全覆盖，营造出层层相透的丰富效果。

（十）点彩法

采用粗颗粒颜料，层层点绘的手法，营造朦胧梦幻之美。

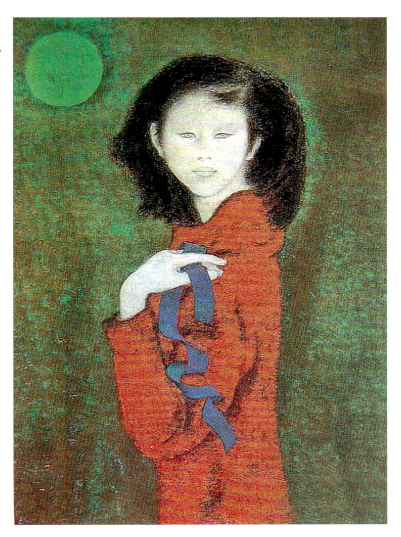

（十一）泼色法

将颜色分层次自由泼洒于画纸上，形成各种变幻的肌理效果。

（十二）贴金法

利用各种金属箔与矿物颜料产生材质碰撞对比，营造出精巧富丽的美感。

（十三）堆金法

堆金是先在画面或基底上制作突起的线条或形状，再涂上金银或贴上金箔，此法最能突出金的光泽效果。

（十四）洒金法

先在画面需要部分涂上胶水，用筛子抖出碎箔自然落在画面上，待干后清理掉多余碎箔。

以上技法只作为参考，无须硬背，仅为让大家更好地理解岩彩画表现的"理""法"。

"理"指原理；"法"指方法、手段。

虽然"理""法"属于理解技法的范畴，但要弄明白的是"理"（原理）要从"法"（技法）处得到启发。不能迷信固化的表现技法。

"情"（感情）与"理"交融互动，"法"自然而生，并且因自然而自由，因自由而无穷！

学生作品：

《女青年头像写生》 李最华

60cm×40cm 纸本、矿物颜料、金属箔 2003年

点评：

此作品整体舒适，黑白灰关系安排清晰，色彩叠加丰富，用笔轻松，手法多样。尤其头巾的处理既丰富又整体。

《女青年头像写生》 林碧云
60cm×40cm 纸本、矿物颜料、金属箔 2012年

点评：

　　此作品主次、松紧搭配对比清晰，色调自然和谐，头巾、脸部、衣服和背景分别运用不同的处理手法，尤其背景那块金箔的使用，令画面的节奏活跃起来。

《女青年头像写生》 陆惠佩

58cm×42cm 纸本、矿物颜料、金属箔 2006年

点评：

　　此作品色调斑斓富丽，造型准确传神。作者对岩彩画厚画法的掌握较熟练，头巾的"加法"与衣服的"减法"，衬托出头部的干净自然。

《女青年头像写生》 黄杰青
60cm×40cm 纸本、矿物颜料、金属箔 2003年

点评：

  此作品整体关系明确，粗放与精细的刻画手法对比成为作品的一大亮点，背景、头巾、衣服的色调安排较舒服，只是脸部的黄色过于跳跃，显得有点生硬脱节。

《女青年头像写生》 吕铭涵

60cm×45cm 纸本、矿物颜料、金属箔 2011年

点评：

此作品构图舒适，表现手法轻松自然，亮黄的高调子
营造出画面和谐的气氛，只是头巾的蓝色色彩较"生"，
影响了整体色调。

《女青年头像写生》 余佩佳

58cm×42cm 纸本、矿物颜料、金属箔 2006年

点评：

此作品构图舒适，色调清新。作者对岩彩画厚画法
的掌握较为熟练，在酥松的厚材质效果中藏着细腻的造
型线条，使画面更加生动，只是脸颊的颜色过重，显得
有点"脏"。

《女青年头像写生》　张垚萍

58cm×42cm　纸本、矿物颜料、金属箔　2012年

点评：

　　此作品效果完整，色调华丽，头部、头巾和背景的处理手法对比明确，突出了主体关系，只是绿衣服上的一点红显得过分突出了。

《女青年头像写生》 郑燕欣
58cm×42cm 纸本、矿物颜料、金属箔 2012年

点评：

    此作品整体关系和谐舒适，造型和色彩的处理都比较
得当，但在画面上所用的刻画力度较为平均。

第三节
形态与色彩构成

岩彩画是中国传统色彩绘画的继承与拓展。岩彩画的艺术实践旨在从壁画材料构造的物质属性中提炼出精神属性，围绕传统材料技法的当代拓展需要展开研究实验。即围绕传统，但非止足于传统，不把传统的形制当作僵化的准则。今天的时代要求艺术家必须要有自己的立场和态度，比如怎么看传统，怎么看历史的发展和今天的文化需要。如果我们把古典作为精神追求的载体，那这个古典就要以今天的态度来对待，从而发生质的改变，才能走入今天的生活。否则它将无法应对新生事物，无法应对当今世界，而只能作为博物馆的古董存在。

古代壁画现状与现代艺术对照：

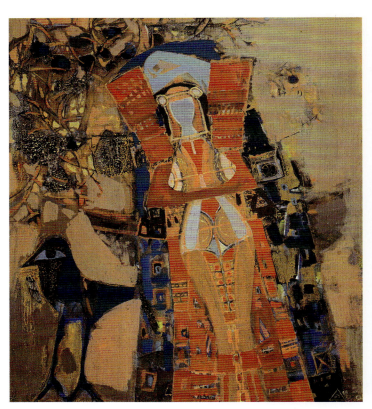

新疆库木吐喇第193窟局部

《秋装》 斯威特兰娜·波诺玛连柯 100cm×90cm 1999年

敦煌莫高窟第220窟局部

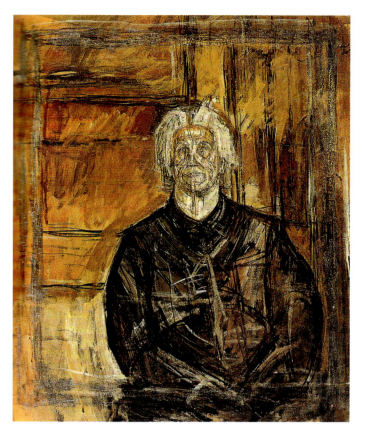

《艺术家母亲》 阿尔贝托·贾科梅蒂 72cm×61.2cm 1937年

敦煌莫高窟第103窟局部

《卡洛琳（Ⅱ）》 阿尔贝托·贾科梅蒂 100cm×81cm 1962年

新疆克孜尔第101窟局部

《加泰罗风景(猎人)》 若安·米罗 64.5cm×100.3cm 1924年

新疆克孜尔第143窟局部

《灰色材料的重叠》 安东尼·塔皮埃斯 197cm×263cm 1961年

新疆克孜尔第97窟局部

《死亡的少女》 埃贡·席勒 150cm×180cm 1916年

新疆台台尔第196窟局部

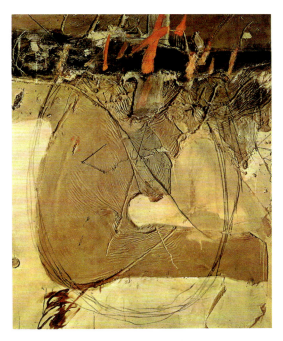

《人体素材与橙色涂画》　安东尼·塔皮埃斯
162cm×130cm　1968年

新疆库木吐喇第23窟局部

《纳吉尔法》　安塞姆·基弗　188cm×100cm　1991年

《齐格弗里德通往布伦希尔德的困难之路》　安塞姆·基弗

130cm×177cm　1988年

新疆台台尔第17窟局部

古代壁画现状在某些角度与现代艺术表现原理不谋而合，给予岩彩画艺术表现很多启发。如：形态关系（交互并置、形态变奏）、材质构造。

一、交互并置

交互并置是中国古代壁画在处理色彩关系上普遍使用的手法。是指几种对比元素被安放在画面构图中交互出现，各种元素的空间位置是并列的，使画面达到一定的平衡效果。

西方色彩艺术发展的历程，经历了古典时期的"概念色彩"到现代主义之前的"写生色彩"，到现代主义时期的"抽象色彩"，再到后现代主义时期的"观念色彩"；但在东方色彩艺术发展史中，在近现代之前一直以"概念色彩"的形式出现，近现代以后出现了"抽象色彩"或"意象色彩"，并且形成独立的语言体系和独特的语法结构。今天，色彩已从灿烂辉煌的架上绘画走到广泛的艺术领域中，融合多种新媒介，渗入社会生活的各个细节。

（一）教学目的

通过分析解构经典作品的色彩配置，研究色彩的语言特性、核心要素、语法结构，培养辨别、解析、整合、运用色彩语言的专业素质。

（二）教学步骤

（1）选取经典作品（敦煌莫高窟第257窟局部）

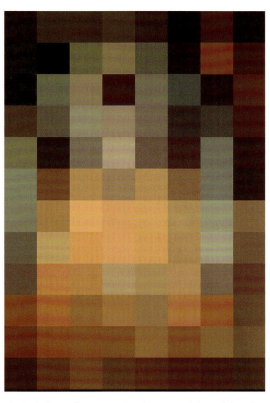

（2）将作品分解为约100个方格，逐一地抽取其色彩成分，形成抽象结构。

（3）进一步分析归纳对象，尽量准确量化色彩关系，形成8色抽象结构。

（4）在8色结构之上再次精简，最终形成4~5色抽象结构。

（5）将4～5色抽象结构进行量化比重计算，形成色彩比重的横式排列。

（6）提取作品中抽象因素，并对应色彩比重，形成抽象色彩构成。

二、形态变奏

抽象思维对于艺术家而言，是一种能从混杂的表象世界之中，由表及里的抽取形式结构，变换形式结构的重要能力。面对客观事物，从个体视觉感受出发，舍弃与之无关的干扰因素，抽取引发个性共鸣的因素，再加以分析、比较、综合和提炼，对同类因素合并概括，取其要点，是对艺术家个性培养的关键。

古代壁画因色变或残损等原因，改变了原作的形象姿态乃至画面大体的节奏对比关系。最典型的例子是由于铅丹变色而造成的"黑脸、黑身子"。这可以视作对抽象思维能力的点发。

（一）教学目的

通过分别抽取经典作品中的线、面结构，解构与重组画面的构成关系，锻炼学生反思语言结构的审析能力，从而具备再生语言结构的原创能力。

（二）教学步骤

（1）选取经典作品（克孜尔第38窟壁画局部）

（2）用线条提取原貌部分的线造型关系，形成线构成。

（3）用黑白灰整理原貌的造型节奏，形成形态构成。

（4）用线条提取现状残损与残存的造型关系，形成线条疏密构成。

（5）用黑白灰整理现状的线造型关系，形成点线面构成。

（6）将现状的点线面构成进行初步精简处理，并采用黑白互换形成新的构成关系。

（7）提取前三张黑白灰构成稿中的造型元素重新编排，形成抽象形态构成。

三、材质构造

不同材质共同构建一个画面是岩彩画材质表现的特点。古代壁画原本较单一的画面材质由于各种破损因素使之变得丰富起来。画面时而粗犷包围着精细，时而精细处突变出粗放，材质的痕迹或聚或散，时而具象时而抽象，在和谐的整体下蕴藏着各种"异质"碰撞。这样的画面仿佛自有性格桀骜不驯，不受拘束，将偶然性与必然性搅和在一起，已超越了笔墨描绘的局限。

（一）教学目的

要求学生理解材质的物理属性，寻找变异其视觉形态的多种可能。体验"同质变异"和"异质对比"可能引发的不同心理反应，可能引申的不同语言内涵，从而理解材质物语的创作方式。

（二）教学步骤

（1）比较壁画现状中材质对比关系。（以张掖马蹄寺壁画残损现状为例）

（2）选取一种矿物材质，经过粗细分拣后进行构成组合。

（3）选取矿物材质与纤维材质（棉、麻、毛、纱、纸浆等），进行材质组合。

（4）选取矿物材质与金属材质，进行材质组合。

（5）选取矿物材质与植物（或豆
类、果实）材质，进行材质组合。

（6）根据壁画现状的材质启发，采用以矿物材料为主的综合材料构造画面，形成材质表现抽象构成。
（以天水麦积山石窟壁画残损现状为例）

第四节
创作案例

艺术创作是艺术家的一种独立的审美创造。材料原本只作为绘画的载体，需注入情感才能传达主题思想。岩彩画的内涵是东方哲学和东方审美。岩彩的材料来自大自然，天然、本色、本质、本真。然而由于岩彩材质取之天然，种类有限，出于对材料的尊重，催生了对其本质本色的欣赏与热爱。东方哲学思想：尊重自然，顺其自然，天人合一，意象思维，借物寓意，借景生情。这是当代艺术家观察事物的一个新角度，也是当代中国岩彩绘画的创作方式。

岩彩画作品的创作过程：

2014年，笔者带学生沿河西走廊考察丝绸之路。这一站到达张掖丹霞地貌，这片本是不毛之地，却因七彩的矿物发色，饱含生机，惊叹之余也感慨大自然之奥秘，万物之大同。

这是当时画的速写。取舍，是基于对形式格局的把控，主次、松紧、疏密、虚实等的编排。面对客观对象，不能只求再现，这世界的美更需要用眼睛去发现。

残荷，生命的辉煌谢幕。是诱发我进一步创作的又一因素。

参照速写稿画的素描关系。

色彩稿。

《一叶世界之四》
颜景亮
60cm×200cm 岩彩画 2015年

其他创作案例：

《一叶世界之一》
颜景亮
60cm×200cm
岩彩画　2014年

案例一：

素描稿

色彩稿

《一叶世界之一》局部　颜景亮

《一叶世界之二》
颜景亮　60×200cm
岩彩画　2014年

案例二：

素描稿

色彩稿

《一叶世界之二》局部　颜景亮

《一叶世界之三》
颜景亮　60cm×200cm
岩彩画　2015年

案例三：

素描稿

色彩稿

《一叶世界之三》局部　颜景亮

案例四：

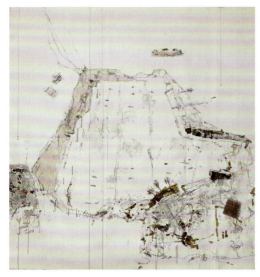

素描稿

《行迹》

　　此画是作者根据在敦煌及新疆一带考察时的写生稿而作。写生途中，西部苍凉和风沙漫天的情景时刻逆转着这位来自南方的作者之观感。她回来后创作了《西行日记系列》岩彩画，《行迹》便是其一。

《行际》
詹晓燕
200cm×180cm
矿物颜料、金属箔
2008年

134

《岚望》

　　此画是《西行日记系列》岩彩画中的另一件作品。作品的造型和肌理受古代壁画现状的启发，经过了主观处理，从表象到精神都传达了作者对岁月变迁的感慨之情。

素描稿

《岚望》
詹晓燕
200cm×180cm
矿物颜料、金属箔
2008年

第3章
作品欣赏

《赤橙黄绿青蓝紫——西藏的马》

陈文光

170cm×360cm　纸本、矿物颜料、金属箔　1993年

《神乐月20》

陈文光

130cm×193cm 云肌麻纸、矿物颜料、金属箔 2006年

《神乐月》

陈文光

90cm×120cm 纸本、矿物颜料、金属箔 2005年

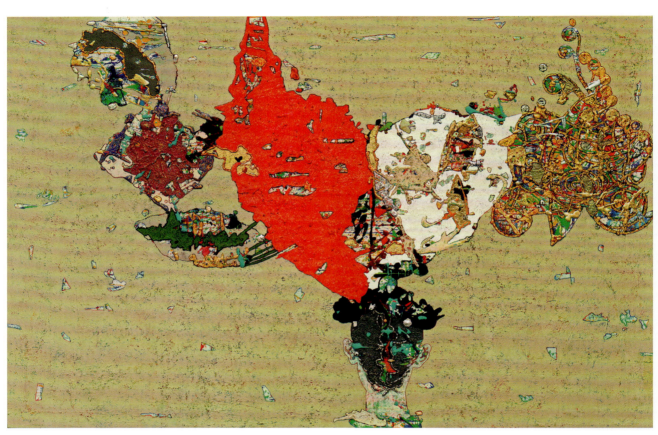

《华丽转身》

陈文光

90cm×135cm 纸本、矿物颜料、金属箔 2011年

《榆林窟·雪》
侯黎明
97cm×145.5cm 纸本、矿物颜料、金属箔 2007年

《读之二》

胡明哲

198cm×130cm 矿物颜料、金属箔 1999年

《雨》

胡明哲

198cm×130cm　矿物颜料、金属箔　1999年

《漂浮之一》

胡明哲

80cm×125cm 矿物颜料、金属箔 2005年

《存在》

胡明哲

140cm×200cm　矿物颜料、金属箔　2006年

《寂》

颜景亮

180cm×360cm 矿物颜料、金属箔 2007年

《一叶世界之五》

颜景亮

60cm×200cm 纸本、矿物颜料、金属箔 2016年

《一叶世界之六》

颜景亮

60cm×200cm 纸本、矿物颜料、金属箔 2016年

《煌·追月》

颜景亮

200cm×180cm 纸本、矿物颜料、金属箔 2014年

《是日有风》

余潮松

200cm×180cm 纸本、矿物颜料、金属箔 2007年

《彼此的唯一之三》

余潮松

120cm×85cm 纸本、矿物颜料、金属箔 2012年

《无照》

余潮松

200cm×180cm 纸本、矿物颜料、金属箔 2010年

《树静风听》

詹晓燕

200cm×180cm 矿物颜料、金属箔 2009年

《西行日记1》

詹晓燕

200cm×180cm 矿物颜料、金属箔 2007年

《痴痴地》

詹晓燕

120cm×85cm 纸本、矿物颜料、金属箔 2007年

《老房子》

张松溪

90cm×120cm 矿物颜料、金属箔 2005年

《小树林》

张松溪

120cm×140cm 纸本、矿物颜料、金属箔 2005年

《一个人的房间》

张松溪

90cm×120cm 纸本、矿物颜料、金属箔 2004年

《惊蛰日志》

徐铭君

200cm×270cm 纸本、矿物颜料、金属箔 2008年

《馨》

徐铭君

120cm×93cm 纸本、矿物颜料、金属箔 2011年

《谧》

徐铭君

120cm×93cm 纸本、矿物颜料、金属箔 2011年

《自画像-Ⅰ》

王学丽

180cm×200cm 纸本、矿物颜料、金属箔 2010年

《自画像-Ⅱ》
詹晓燕
180cm×200cm 矿物颜料、金属箔 2007年

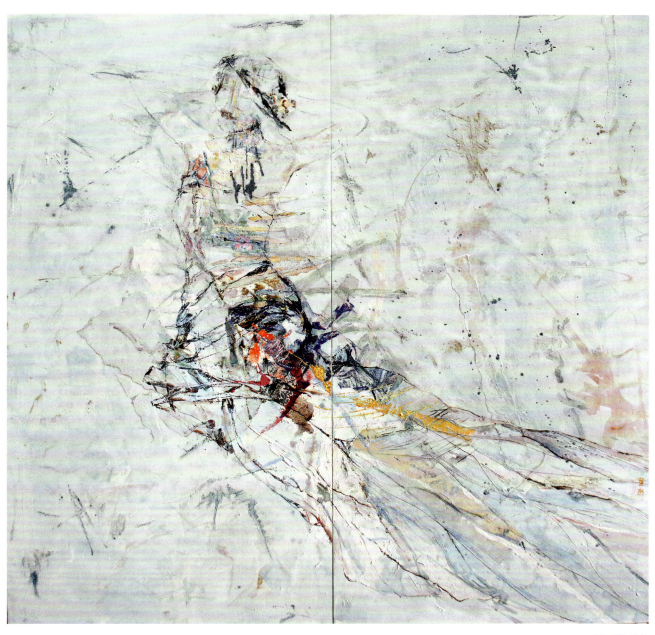

《自画像–Ⅲ》

王学丽

180cm×200cm 纸本、矿物颜料、金属箔 2010年

《自画像-Ⅳ》

詹晓燕

180cm×200cm 矿物颜料、金属箔 2007年

《叠》

许洁娜

180cm×180cm 纸本、矿物颜料、金属箔 2012年

《大行》

张莹莹

180cm×180cm 纸本、矿物颜料、金属箔 2012年

《遗忘时光》

曾庆源

180cm×180cm 纸本、矿物颜料、金属箔 2012年

《老城墙下的等待》

刘业峰

100cm ×200cm 纸本、矿物颜料、金属箔 2012年

后　记

　　2010年，"东方色彩·中国意象——中国岩彩画之学术理想"大型学术活动在广州美术学院美术馆举行。中国文学艺术界联合会副主席冯远教授在开幕致辞中说："以岩彩画的艺术表现为线索，联系敦煌壁画，追溯中国文化艺术的本土根源，展开互动研究，是试图寻找中国当代艺术的评价体系和文化立场的开始，也是对当代中国绘画艺术的新的构建。"岩彩画的艺术实践实际上是中国传统艺术与现当代艺术间搭建的一道桥梁。敦煌壁画两个最鼎盛的时期（魏晋时期与隋唐时期）都能体现中外艺术风格包容兼收的理念。传统艺术的继承与发展是要以世界对话为目标并紧扣时代脉搏，不能一味地闭门造车孤芳自赏。与世界对话并非意味着放弃自己的立场，相反是为能更清晰地看到自己的立场，并寻求更接近时代特征的方式进行表述。

　　广州美术学院的岩彩画教学一直得到学院的高度重视，学院的岩彩画实验室是国内最早建设的专业实验室之一。本书的编写也得到了学院的大力支持，在此衷心鸣谢！这套系统的教学理念与教学体系是集合了两代岩彩画专业老师的心血结晶。如今，老一辈教授虽已退出教学第一线，却仍十分关注岩彩画教学的发展，令作为教学中坚力量的我倍感任重且道远！

　　因此，本书既作为广州美术学院十多年岩彩画教学的经验总结，同时也希望能成为再次起航的基石，将不负前辈之厚望及后辈学子之期盼！

　　在此，特别鸣谢悉心指导我并给予我支持鼓励的恩师陈文光教授，与我并肩共事多年并为本书提供宝贵资料的詹晓燕老师，长期支持中国岩彩画发展并为本书提供矿石资料及技术指导的图腾画材研究所王治洲所长以及曾在本书编写过程中提供过帮助的同事同行，恕难逐一点名致谢！

颜景亮

2017年2月于广州

参考文献

[1] 胡明哲.谈"岩彩"命名[J].北京：美术,2002.

[2] 牛克诚.色彩的中国绘画：中国绘画样式与风格历史的展开[M].长沙：湖南美术出版社，2005.

[3] 于非闇.中国画颜色的研究[M].北京：朝花美术出版社，1955.

[4] 楚启恩.中国壁画史[M].北京：北京工艺美术出版社，2000.

[5] 冯斌.中国画新主张材料表现艺术：从材料到观念[M].哈尔滨：黑龙江美术出版社，2004.

[6]胡伟.绘画材料的表现艺术[M].哈尔滨：黑龙江美术出版社，2001.

[7]赵健.东方色彩、中国意象——中国岩彩画之学术理想大型活动全记录[M].广州：岭南美术出版社，2013.

[8]贡布里希.艺术与幻觉[M].周彦,译.长沙：湖南人民出版社，1987.

图书在版编目（CIP）数据

岩彩画技法教学 / 颜景亮著. — 南宁：广西美术
出版社，2018.7（2023.2重印）
ISBN 978-7-5494-1839-8

Ⅰ.①岩… Ⅱ.①颜… Ⅲ.①岩画 – 教学研究 Ⅳ.
①K879.42

中国版本图书馆CIP数据核字(2017)第181580号

岩 彩 画 技 法 教 学
YANCAIHUA JIFA JIAOXUE

著　　者：颜景亮
出 版 人：陈　明
责任编辑：陈先卓
助理编辑：黄丽丽
美术编辑：千　橙
责任校对：张瑞瑶
审　　读：陈小英
责任印制：黄庆云　莫明杰
出版发行：广西美术出版社
地　　址：广西南宁市望园路9号（530023）
印　　刷：广西昭泰子隆彩印有限责任公司
版　　次：2018年7月第1版
印　　次：2023年2月第4次印刷
开　　本：889 mm×1194 mm　1/16
印　　张：11.75
字　　数：150千字
书　　号：ISBN 978-7-5494-1839-8
定　　价：98.00元